모두가 알지만 아무도 모르는

시크릿 다이어트

모두가 알지만 아무도 모르는
시크릿 다이어트
ⓒ 호랑나비 2009

초판 1쇄 발행일 2009년 6월 19일

지은이 오상민
일러스트 정호선
펴낸이 이정원
책임편집 김인혜
펴낸곳 도서출판 들녘
등록일자 1987년 12월 12일
등록번호 10-156
주소 경기도 파주시 교하읍 문발리 파주출판단지 513-9
전화 (마케팅) 031-955-7374 (편집) 031-955-7382
팩시밀리 031-955-7393
홈페이지 www.ddd21.co.kr

값은 뒤표지에 있습니다.
잘못된 책은 구입하신 곳에서 바꿔드립니다.
ISBN 978-89-7527-831-0 (03690)

모두가 알지만 아무도 모르는

시크릿 다이어트

EFT와 NLP기법을 이용한 다이어트 솔루션

오상민 지음

호랑나비

성공의 열쇠는 내면과 시스템에 있다

군살 없이 날씬한 몸매, S라인. 여성이라면 누구나 꿈꾸는 모습이다. 그래서 누구나 한 번쯤은 목숨 걸고 다이어트에 매달리게 마련이다. 물론 아무리 먹어도 살이 찌지 않는 '신이 내린 체질'의 소유자도 있다. 그러나 대부분의 여성들은 맛있는 음식을 공공의 적으로 간주한다. 사춘기에 접어들고 외모에 관심이 많아지면 살에 대한 콤플렉스는 극에 달한다. 그런데 예전에는 외모와 몸매에 대한 관심이 여성에게 국한되어 있었지만 지금은 그렇지 않다. 성별을 넘어 전 국민이 외모 가꾸기에 혈안이 되어 있는 실정이다. 다이어트 산업 비중이 갈수록 높아지는 것이 좋은 예다. 이제 다이어트는 남녀노소를 막론한 최고의 이슈가 되고 있다.

하지만 다이어트를 하는 사람은 많아도 다이어트에 성공하는 사람은 드물다. 길어야 한 달을 채 넘기기가 어렵고, 혹 감량에 성공하더라도 1년 후면 90% 정도가 다시 원래 체중을 되찾는다. 다이어트 성공은 왜 이렇게 어려운 걸까? 다이어트를 한 번이라도 해본 사람은 '음식의 유혹'과 '나

약한 의지력'이 다이어트 성공의 발목을 잡는다고 말한다. 그러면 사람들이 음식의 유혹을 이기지 못하고 처음의 결심을 쉽게 포기하는 이유는 무엇일까? 그 이유는 사람의 마음, 감정이나 심리적인 태도에서 찾아야 한다. 음식을 조절하는 것도, 운동을 하는 것도 모두 마음가짐에 달려 있기 때문이다. 다이어트 실패의 궁극적인 원인은 다스리지 못한 '마음'에 있다.

　현재까지 소개된 다이어트 도서나 프로그램들은 방법론적인 부분만을 다루고 있다. 영양학이나 운동생리학적인 측면의 해결책, 즉 무엇을 언제 어떻게 먹어야 하며 어떤 운동을 해야 다이어트에 효과적인지에 대한 것들이 주를 이룬다. 정작 중요한 마음을 다스리는 방법에 대해서는 개개인이 풀어야 할 숙제로 남겨두고 있는 것이다.

　이 책은 마음을 다스려 자연스레 다이어트 성공에 이를 수 있는 해결책을 제시한다. 자신을 있는 그대로 사랑하고 실패에 대한 두려움이나 부정적인 감정 없이 100%의 잠재력을 발휘하도록 한다. 독자 여러분은 이를 통해 의도한 대로 즉각 행동에 옮길 수 있는 방법을 익힐 수 있을 것이다. 그런데 다이어트는 일회성 이벤트 내지는 계절적 행사가 아니라 평생에 걸친 장기 프로젝트다. 따라서 한 번의 성공이 오래도록 지속되기 위해서는 보다 통합적이고 시스템적인 접근이 필요하다. 지금까지 제시된 방법론적인 다이어트에는 성공에 영향을 미치는 요인이 일부분만 적용되었다. 따라서 원푸드나 황제 다이어트 같은 극단적인 방법은 장기적으로 실패하거나 그 성공률 또한 현저히 떨어질 수밖에 없다.

다이어트와 같은 건강관리 분야를 비롯해 자기계발, 비즈니스 등 삶의 모든 이슈들에 대한 문제점을 해결하기 위해서는 그것에 영향을 미치는 변수가 통합적으로 고려되어야 한다. 이 변수는 4가지 분면(차원)으로 구분된다. 4분면은 개인의 감정이나 심리적인 부분을 다루는 'I(나)분면', 영양과 운동생리학적인 부분을 다루는 'IT(그것)분면', 집단의 문화적인 부분 즉 지지그룹을 다루는 'WE(우리)분면' 그리고 환경시스템적인 문제를 다루는 'ITS(그것들)분면'으로 나뉜다. 이 4분면 이론은 의식연구 분야의 아인슈타인으로 불리는 금세기 최고의 심리학자이자 철학자, 미국의 켄 윌버가 창안한 통합운영체제(Integral Operating System, IOS)에 소개되는 이론이다. 이는 삶의 모든 이슈들에 대한 통합적인 관점을 제공하고 있다. 필자는 이 4분면 이론을 다이어트에 접목하여 독창적인 통합 4차원 다이어트 솔루션을 창안하게 되었다.

이 책은 크게 3부로 구성되어 있다.

제1부 '장애물을 넘어 새로운 나를 창조하라'는 개인의 감정이나 심리적인 부분을 다루는 'I(나)분면'으로 가장 큰 비중을 차지한다. 1부의 1장에서는 체중 감량이라는 1차적인 '목표'를 넘어, 다이어트를 통해 간절히 이루고자 하는 궁극적인 다이어트의 '꿈'을 깨닫게 해준다. 이 깨달음은 반

드시 성공하고 말겠다는 강렬한 동기를 부여한다. 2장에서는 꿈을 이루는 데 장애물이 되는 낮은 자존감이나 제한적 신념 등과 같은 부정적인 감정들을 제거하고 이를 감사하는 마음으로 상쇄시키는 방법에 대해 소개한다. 3장에서는 다이어트의 꿈을 실현시키고, 음식에 대한 욕구를 마음대로 조절하며, 평소 하기 싫은 운동도 즐겁고 의욕적으로 할 수 있는 방법을 소개한다.

제2부 '지지그룹을 확보하라'는 문화적인 부분을 다루는 'WE(우리)분면'이다. 다이어트에 도움이 되는 지지그룹을 만드는 방법과 효과적으로 운영하는 노하우에 대해 소개한다.

마지막 제3부 '환경을 디자인하라'는 환경적인 측면인 'ITS(그것들)분면'으로 다이어트에 성공할 수밖에 없도록 환경을 디자인하는 방법을 소개한다. 주변의 환경을 없애야 할 것(제거), 더 많이 혹은 더 자주해야 할 것(증가), 빈도나 횟수를 줄여야 할 것(감소) 그리고 새로이 시작해야 할 것(창조)으로 재편하도록 한다. 기존의 영양학이나 운동생리학적인 측면을 다룬 'IT(그것)분면'은 다른 책에서 이미 많이 다루었으므로 언급하지 않았음을 미리 밝혀둔다.

이 책은 말라깽이 바비인형이 되는 것을 목표로 삼지 않는다. 하지만 그동안 다이어트로 인해 몸서리치게 겪은 고통이나 삶의 근원적인 고통으로부터 온전한 자유로움을 누릴 수 있게 해준다. 동시에 의지력이나 인내력을 억지로 발휘하지 않고도 자연스레 다이어트에 성공할 수 있는 통합적인 해결책을 제시한다. 부디 독자 여러분이 이 책을 통해 '체중 감량'이라는 1차적인 목표 달성은 물론 궁극적인 목표인 다이어트의 '꿈'을 실현하길 바란다. 아울러 평생토록 날씬한 몸을 유지하면서 진정한 자기 자신으로 매순간 행복하게 살아갈 수 있게 되길 두 손 모아 간절히 기도한다.

있는 그대로의 나를 사랑하자

비만하다는 것은
몸에 통증이 있다는 것은
몸이 나에게 말하는 메시지입니다.

독자 여러분은 『시크릿 다이어트』를 통해
다이어트에 성공하려면, 다이어트 자체가 목표가 아닌
나의 꿈, 소망을 목표로 삼아야 합니다.
저자가 이야기해 주는 귓속말을 들어보세요.

저자는 다이어트에 가장 걸림돌이 되는
낮은 자존감의 원인인 부정적 감정을 제거하기 위하여
'자존감 일기쓰기'를 가르치고 있습니다.
자기 전에 아니면 가장 좋은 시간에 일기를 쓰세요.

저자가 책에서 얘기했듯이, 먼저 하루 동안 내가 잘한 것에 대해

3가지 정도를 쓰고 나 자신을 칭찬해 주세요.

칭찬을 하면 고래도 춤을 춥니다.

우리 대부분은 칭찬에 인색하고 비판을 더 많이 하는 경향이 있어요.

그 다음은 오늘 하루 아쉬웠던 점에 대해 적습니다.

그것에 대해 EFT의 수용확언을 하세요.

"나는 비록 살찌는 줄 알면서도 빵과 콜라를 먹어서 후회가 되지만,

이러한 나 자신을 온전히 받아들이고 깊이 사랑합니다." (톡톡톡)

또 그 다음에는 자신이 원하는 것에 대해 선택확언을 하세요.

"나는 비록 오늘처럼 비가 오는 날엔 술이 당기지만

실내운동(볼링, 배드민턴 등)을 하는 것을 선택합니다."

"나는 비록 뱃살이 삼겹살이 되고

허리 사이즈는 날이 갈수록 늘고 있어

작년에 산 옷이 맞지 않아서 정말 죽고 싶지만,

이러한 나 자신을 온전히 받아들이고 깊이 사랑합니다.

그리고 매력 있는 나 자신을 선택합니다.

나는 마릴린 먼로처럼 섹시하다. 나는 매력이 철철 넘친다."

『시크릿 다이어트』 독자 여러분!

먼저 나의 가슴이 뛰게 하세요.

나의 영혼이 노래하게 하세요.

있는 그대로의 나 자신을 사랑하고 존경하세요.

거울 앞에서 나를 바라보면서 사랑에 빠지세요.

"난 네가 좋아. 정말 좋아. 있는 그대로의 네가 정말 좋아!"

그러면 매력적인 나의 모습이 저절로 나타나지요.
영화 「페넬로페」 중에서 페넬로페가
"난 있는 그대로의 나를 사랑한다!"라고 외치는 순간에
선천성 기형인 돼지 코가 사라지고
아름다운 얼굴로 변했듯이
먼저 나의 몸을 사랑해 주세요.

사랑합니다. 감사합니다. 행복합니다. 축복합니다.
나의 평화.

임정남 _경기 광주시 보건소장, 의사

차례

프롤로그 성공의 열쇠는 내면과 시스템에 있다 4

추천사 있는 그대로의 나를 사랑하자 10

제1부 장애물을 넘어 새로운 나를 창조하라 19

다이어트의 목표와 꿈 20

내면의 동기가 성공의 첫걸음 20

"다이어트, 얼마나 절실한가?" 22

다이어트의 '꿈'을 찾자 25

부정 에너지를 제거하라 30

낮은 자존감은 다이어트의 걸림돌 30

나는 언제나 아름답다

뚱보는 자존감이 낮다 │ 유일무이한 자산은 바로 '나'

내면의 기쁨을 꿈꾸라 │ 자존감 일기 쓰기

제한적 신념에서 해방되자 53

냉장차의 온도는 섭씨 13도 | 실패란 없다, 단지 결과만 있을 뿐이다
성공주문을 활용하라! | 보이는 것을 믿는다 VS 믿는 것을 본다
긍정 확언과 시각화로 제한적 신념 극복하기

스트레스는 다이어트의 적이다 68

식탐을 유발하는 부정 에너지 | 두근거림에 출발점을 두라
EFT와 CORE기법 | 의식과 무의식의 충돌
내적 평화과정으로 모든 부정 에너지를 제거하라

감사는 완벽한 동기를 만든다 112

다이어트에 효과적인 태도 | 감사의 눈으로 세상을 보라
무엇에 감사해야 하는가? | 어떤 상황에서도 축복은 있다

상상력으로 나를 새롭게 하라 143

다이어트의 꿈을 실현시켜 주는 심상화 기법 143

잠재의식 활용하기 | 상상력을 기르자
심상화 기법의 효과 | 다이어트 '드림보드'

NLP 기법으로 감각을 재구성하자 162

야채는 매력적이다 | 하기 싫은 운동도 즐겁고 의욕적으로 할 수 있다

제2부 지지그룹을 확보하라 173

누구를 곁에 둘 것인가? 174

에너지를 주는 사람들로 주위를 채워라 175

가족과 친구의 도움을 받자 180

원하는 점을 분명히 말하라 182

하나보다 둘, 둘보다 셋 184

다이어트 관련 커뮤니티에 가입하라 186

진행 상황을 보고하고 피드백을 받아라 189

제3부 환경을 디자인하라　193

ERRC 방법론　194

제거 – 문제 환경을 원천 봉쇄하라　195

증가 – 바람직한 습관을 들이자　203

감소 – 문제성 행동을 줄여라　214

창조 – 새로운 환경을 디자인하라　220

에필로그　다이어트가 전부는 아니다　234

감사의 글　237

제1부

장애물을 넘어 새로운 나를 창조하라

다이어트의 목표와 꿈

다이어트에 성공하기란 쉽지 않다. 우리나라 여성들의 80~90%가 다이어트를 시도하지만 성공률은 5~10%에 불과하다. 한번 빠진 체중을 지속적으로 유지하는 비율 역시 3~7%에 지나지 않는다. 체중 감량 사례를 추적했던 어느 미국 연구기관 발표에 따르면, 다이어트에 성공하고 그것을 1년간 유지한 사람은 10%, 2년간 유지한 사람은 3%, 5년간 유지한 사람은 0%에 가깝다고 한다. 결국 대부분의 여성들이 다이어트에 실패한다는 뜻이다. 남성들의 경우도 크게 다르지 않다. 그렇다면 장기적인 다이어트가 번번이 실패하는 이유는 과연 무엇일까?

내면의 동기가 성공의 첫걸음

"예쁘게 보이려고요!"

"여름이잖아요. 수영복 입어야죠."

SBS 쇼 프로그램 「야심만만」에서 '나 이럴 때 다이어트하고 싶다'라는 주제로 설문조사를 실시했다. 조사는 2007월 4월 30일부터 한 달여 동안 진행되었으며 1,081명이 참여했다. 응답자의 81%가 단순히 미용을 위해서 또는 다른 사람과의 비교에 의한 외부적인 이유로 다이어트를 시작한다고 답했다. 실제로 많은 사람들이 외부적이거나 미용적인 이유로 다이어트를 시작한다. '자기만족'이나 '자신감 회복'과 같은 이유 역시 결국에는 살을 빼서 잃어버린 자신감을 찾고 주위의 따가운 시선으로부터 해방되고자 하는 마음에서 비롯된 것이다. 하지만 자신의 내면으로부터 우러난 것이 아닌 외적인 요인에 의해 유발된 동기는 결코 오래 가지 않는다. 이런 경우 처음에는 비장한 각오로 다이어트에 돌입하지만 몇 달 아니 며칠도 채 버티지 못하고 포기하는 경우가 많다.

만약 쇼핑을 갔다가 판매원으로부터 충격적인 말을 들었다면 2~3일 내지 1주일 정도는 소위 말해 약발이 먹힐 수도 있다. 애인에게 예쁘게 보이고 싶어서 시작하는 경우에는 6개월이나 1년 정도까지 지속될지도 모른다. 그러나 다이어트 도중 음식의 유혹에 직면하거나 운동을 하고 싶지 않을 때 그저 예뻐지는 것만 포기하면 되기 때문에 결코 오래갈 수 없다. '오늘 못하면 내일하면 되지!'라는 안이한 마음이 되기 십상이다.

다이어트 성공의 관건은 한 번 감량한 체중을 자연스럽게 유지해 자신의 진짜 체중으로 만드는 데 있다. 어느 특정 기간 동안 잠깐 날씬해지거나, 체중을 단시일 내에 빠르게 감량하는 데 있는 것이 아니다. 진정으로 다이어트에 성공하고 싶다면 외면이 아니라 내면을 살펴야 한다. 나를 구박하는 친구나 직장 동료, 예쁘게 보이고 싶은 애인이나 남편 등 주변의 모든 사람을 머릿속에서 지우고 오로지 나에게만 초점을 맞춰라. 내가 왜 다이어트를 시작했는지 정확히 파악해야 한다.

「어린왕자」의 생텍쥐페리는 "만일 배를 만들고자 한다면, 배를 만드는 법을 가르치지 말고 푸른 바다를 꿈꾸게 하라"라고 했다. 끝없이 펼쳐진 푸른 바다를 향해 뛰어나가고픈 열망을 갖게 한다면 어떤 달콤한 유혹이나 역경이 닥치더라도 어떻게든 배를 만들 것이다.

다이어트도 마찬가지다. 내면으로부터 솟구친 다이어트 성공에 대한 강렬한 열망이 있다면 방법은 더 이상 문제가 되지 않는다.

"다이어트, 얼마나 절실한가?"

만약 불의의 사고로 시력을 잃은 사람에게 "당신이 진정 원하는 게 한 가지 있다면 그것은 무엇입니까?"라고 묻는다면, 그는 주저 없이 "제가 다시 세상을 볼 수 있게 되는 것입니다"라고 답할 것이다. 사람들은 모두 다이어트에 성공하기를 바란다. 잃어버린 자신감을 되찾고, 남들 앞에 당당히 나서고 싶다며 반드시 살을 뺄 것을 맹세한다.

그런데 냉정하게 생각해 보자. 이런 이유들은 엄밀히 말하면 그냥 이루어졌으면 하고 바라는 소망 정도가 아닌가? 진정 다이어트에 성공하고 싶다면 소망이 아닌 절실하고도 간절히 원하는 갈망이 있어야 한다!

소망과 갈망, 이 두 낱말은 어떤 일을 바란다는 점에서는 같지만 그 정도

에 있어서 차이가 있다. 소망은 '어떤 일을 바람 또는 바라는 것'이며, 갈망은 '간절히 바람'이다. 소망은 그저 단순히 바라는 정도이기 때문에 언제라도 변할 수 있다. 조그만 장애물만 나타나도 이겨 내지 못하고 그대로 주저앉아 버린다. 하지만 갈망은 다르다. 갈망은 진심으로 원하고 이것이 없으면 절대 안 된다는 행동을 유도하며 반드시 그 꿈을 실현하고 달성하게끔 만든다.

『영혼을 위한 닭고기 수프』의 공동저자로 알려져 있는 댄 클라크는 그의 저서 『죽도록 원하는가 그러면 해낼 수 있다』에서 로스앤젤레스 청소년 법원의 판사 조지프 세렌티노의 예를 들며 갈망의 중요성을 피력하고 있다.

그는 갱단과 폭력배들이 우글거리는 환경에서 자랐다. 학교에서 네 번이나 낙제했고 교도소를 제집 드나들 듯했다. 해병대에 입대도 했지만 결국 영창 신세를 지고 쫓겨났다. 이후 그는 30여 군데의 직장을 전전했다. 되는 일이라고는 없는 밑바닥 인생의 연속이었다. 그러던 어느 날, 야간 고등학교 앞을 지나가다가 안내문을 보게 되었다. '누구나 등록할 수 있다!' 그 순간 그는 자신이 더 나은 삶을 살기 위해서는 오로지 배워야만 한다는 사실을 깨달았다. 자신의 무지가 수천 톤의 벽돌이 되어 온몸을 짓누르는 것을 느꼈다. 곧바로 학교 문을 두드렸고 문이 열렸다. 그리고 그는 놀랍게도 학교가 개교한 이래 최고의 평점으로 졸업했다. 계속해서 그는 대학에 진학했고 졸업 후에는 해병대에 재입대해 명예롭게 제대했다. 또한 다시 하버드대학 로스쿨에 진학해 수석으로 졸업하기에 이른다. 그는 졸업생 대표 연설에서 이렇게 말했다.

"내 안에서 일어난 변화를 설명하기 위해 내 삶의 상처를 들출 필요는 없습니다. 나의 변화는 상처에서 비롯된 것이 아니기 때문입니다. 그것은 내 삶을 새롭게 쓰겠다는 굳은 의지의 산물입니다. 누구에게나 인생은 한 편의 드라마입니다. 자신만의 드라마를 쓰는 작가로서 그것을 새로 쓰거나 고칠 수 있는 권리와 책임은 스스로에게 있습니다. 제가 원하는 방향으로 스토리가 전개될 수 있도록 말입니다."

이제 다시 한 번 자신에게 물어보자.

"나는 어떤 대가를 치르더라도 다이어트에 성공해야만 하는 이유가 있는가?"

다이어트의 '꿈'을 찾자

한 중소업체에 근무하는 정모(28·여)씨는 얼마 전 사이버대학 요가명상학과에 입학했다. 그녀가 이 학과에 입학한 이유는 몸매관리 차원의 다이어트나 건강관리가 목적이 아니었다. 요가 강사로 일하는 남편과 함께 요가 학원을 차리겠다는 꿈을 이루기 위해서 입학을 결심한 것이다. 입학 후 그녀는 하루하루를 가슴 벅차고 희망차게 보낸다. 학위 취득 후 개원하겠다는 계획을 세운 뒤로는 힘든 맞벌이 생활에도 불구하고 공부 과정이 즐겁기만 하다.

다이어트의 1차적인 목표는 체중 감량으로 정확히 말하자면 과도한 체지방을 줄이는 것이다. 그러나 오로지 체중 감량만을 위한 다이어트는 사람의 마음을 움직일 수 없다. 체중 감량으로 인한 긍정적인 외모 변화나 주위 사람들로부터 받는 부러운 시선도 부수적인 결과에 지나지 않는다.

다이어트에 성공하기 위해서는 그 동기에 절실함이 있어야 한다. 하지만 단지 체중 감량이 다이어트의 궁극적인 목적이라면 살을 빼기 위해 사람은 얼마나 절실해질 수 있을까? 물론 아주 심각한 상태인 고도 비만인 경우에는 살을 빼지 않으면 생명에 지장이 있을 수도 있다. 그러나 이에 해당하는 사람은 그리 많지 않을 것이다.

많은 사람들이 단순히 체중 감량 그 자체에만 목표를 두고 다이어트를 시작한다. 하지만 자신이 이루고자 하는 다이어트의 '꿈'이 없으니, 아니 그 꿈이 무엇인지 모르거나 생각조차 해본 적이 없으니 금세 포기하게 되고 어쩌다 성공해도 오래 가지 못한다.

다이어트에 도전해 성공하고 싶은가? 그렇다면 체중 감량이라는 1차적인 목표를 넘어선 그 무엇, 다이어트를 통해 이루고자 하는 가슴 벅찬 꿈이 있는지 자문해 보라. 물론 그 답은 스스로 찾아야 한다. 당장 생각이 나지 않을 수도 있다. 그러면 우선 이렇게 생각하자. 그 꿈이 무엇이든 "다이어트는 내가 평생을 바쳐 이루어야 할 꿈을 달성하기 위한 첫 번째 단계이자 거쳐야 하는 관문이다"라고. 다시 댄 클라크의 저서 『죽도록 원하는가 그러면 해낼 수 있다』에 나오는 사례를 살펴보자. 체중 감량이라는 1차적인 목표를 넘어 다이어트의 꿈을 이룬 셰릴틱스의 일화다.

신장 175센티미터에 76킬로그램의 몸무게를 지닌 여성이 세계적인 모델이 되었다.

그녀의 이름은 셰릴틱스. 셰릴틱스를 아는 사람들은 모두 그녀가 너무 뚱뚱해서 아름다운 몸매를 갖기는 어렵다고 생각했다. 하지만 그런 생각 따위는 그녀에게 아무런 문제도 되지 않았다. 그녀는 자신이 얼굴도 예쁘고 몸매도 아름답다고 믿었다. 그리고 자신에게 부정적으로 말하는 사람들 때문에 실망하지도 않았다.

꾸준한 다이어트와 운동을 통해 몸매는 날씬해지기 시작했고 근육은 단단해졌다. 그녀는 확실한 신념을 가지고 운동에 전념했다. 그러자 체중이 줄며 통통한 볼 아래 감춰져 있던 환상적인 얼굴이 드러났다. 그리고 그 아름답고 활기찬 얼굴로 전 세계인들에게 미소를 지어 보였다. 그녀는 전 세계 잡지들의 표지를 장식하기 시작했으며 〈스포츠 일러스트레이티드〉지의 수영복 모델로도 여러 차례 등장했다. 그녀는 세계의 수많은 일류 모델들과 치열한 경합을 벌였고 마침내 80년대를 대표하는 모델이 되었다.

그녀가 뚱뚱하고 작은 소녀에서 모델계의 전설이 될 수 있었던 것은 세계적인 모델이 되고야 말겠다는 자신의 꿈을 끝까지 포기하지 않았기 때문이다. 다이어트를 통해 자신이 진정 이루고 싶은 꿈이 있다면, 그 꿈은 강렬한 열망을 불러일으켜 그 실천 또한 자연스럽게 행해질 것이다. 그런데 막상 다이어트 꿈을 찾으려 하면 잘 떠오르지 않는 경우가 많다. 다른 사람이 대신 그 답을 찾아줄 수 있는 것도 아니다.

이럴 때는 『어른들을 위한 창의력 수업』의 저자이자, 창의성이 끊임없이 샘솟는 스탠라이 교수가 제안하는 한 가지 방법을 참조해 보자. 그는 '창의력과 새로운 시각'을 연구하던 중 그것이 개개인의 '동기'와 커다란 관련이 있다는 사실을 깨달았다. 스탠라이 교수가 태어나서 처음으로 티베트 불교 법회에 참가했을 때의 일이다. 그날 법회를 주관한 노스님은 시작하기 전에 다음과 같이 말했다.

"이 자리에 계신 모든 분들은 오늘 법회를 들으러 온 동기를 점검해 보시기 바랍니다. 여러분 모두가 올바른 동기를 가지고 법회를 들으러 오신 것이었으면 좋겠습니다."

스님은 법회를 들으러 온 한 사람을 지목하며 다음과 같이 질문했다.

"당신이 법회를 들으러 온 동기는 무엇입니까?"

"불법에 관심이 있기 때문입니다."

"왜 불법에 관심이 있습니까?"

"불법이 나 자신에게 도움이 된다고 생각하기 때문입니다."

"자신에게 도움이 된다는 것은 본인에게 어떤 문제가 있다는 의미입니까?"

"그건……."

"어떤 문제입니까?"

"저……."

이런 반복적인 문답을 계속하다 보면 자기 자신을 깊이 있게 분석할 수 있다. 내면 깊은 곳의 솔직한 답을 추적함으로써 자신의 동기에 대한 '절실함'과 '구체성'을 깨닫게 되는 것이다. 모든 문제의 핵심인 자신의 가장 절실한 동기를 찾게 되면 자신의 진정한 꿈 역시 발견할 수 있을 것이다. 위의 방법을 활용해 당신이 진정으로 이루고자 하는 다이어트의 '꿈'을 찾길 바란다.

부정 에너지를 제거하라

자동차를 운전할 때 엑셀레이터를 밟아도 핸드브레이크가 걸려 있으면 앞으로 나아가지 못한다. 앞으로 나아가려는 의도가 명확해도 어딘가에 부정 에너지가 존재한다면 반드시 장애물이 된다. 다이어트 역시 마찬가지다. 다이어트 성공을 위한 여정에서는 내적 동기 못지않게 부정적인 에너지를 제거하는 것이 중요하다. 아무리 내적 동기가 확실하고 강렬할지라도 자기 비하나 무기력, 패배의식, 두려움 등과 같은 부정적인 에너지에 휩싸여 있다면, 그 꿈은 결코 이루어질 수 없기 때문이다.

이제 어떤 부정적 에너지가 다이어트에 장애물이 되며 그것들을 어떻게 해소할 수 있는지 살펴보자.

낮은 자존감은 다이어트의 걸림돌

자존감이 낮은 사람은 구멍이 뚫린 독과도 같다. 자존감은 말 그대로 스스로를 아끼고 사랑하며 존중하는 마음을 뜻하는데, 이는 성공적인 다이어트의 근간이 되는 아주 중요한 감정 에너지다. 따라서 이 상태로 다이어트를 진행하는 것은 밑 빠진 독에 물 붓기와 같다. 아무리 물을 부어도·물은 차지 않고 빠져나간다. 다이어트 성공을 위한 어떤 노력도 허사가 되는 것이다.

낮은 자존감은 다이어트에 걸림돌이 되는 첫 번째 부정 에너지다. 이를 제거하지 않으면 다이어트에 결코 성공할 수 없고 설사 성공한다 치더라도 오래가지 못한다.

본론으로 들어가기 전에 현재 자신의 자존감이 어느 정도인지 테스트 해보자. 테스트가 끝난 후에는 점수를 종이에 적어 놓고 잘 보관하길 바란다. '제2장 부정 에너지를 제거하라'를 다 읽을 무렵, 이 자존감 테스트를 다시 한 번 해보길 권유한다. 자신의 자존감이 증진되었음을 확인할 수 있을 것이다.

자존감 Self Test

아래의 문항들은 '자신이 스스로를 어떻게 보느냐'에 대한 생각을 나타내는 문항이다. 자신의 생각을 가장 잘 나타내 준다고 생각하는 항목을 골라 점수를 매겨보자.

긍정적 문항
전혀 그렇지 않다(1) 대체로 그렇지 않다(2) 대체로 그렇다(3) 항상 그렇다(4)

1. 나는 내가 다른 사람들처럼 가치 있는 사람이라고 생각한다. ( )
2. 나는 좋은 성품을 가졌다고 생각한다. ( )
3. 나는 대부분의 다른 사람들과 같이 일을 잘할 수가 있다. ( )
4. 나는 내 자신에 대하여 긍정적인 태도를 가지고 있다. ( )
5. 나는 내 자신에 대하여 대체로 만족한다. ( )

다음의 항목은 위와는 반대로 점수를 매긴다.

부정적 문항
항상 그렇다(1) 대체로 그렇다(2) 대체로 그렇지 않다(3) 전혀 그렇지 않다(4)

6. 나는 대체적으로 실패한 사람이라는 느낌이 든다. ( )
7. 나는 자랑할 것이 별로 없다. ( )
8. 나는 내 자신을 좀더 존경할 수 있으면 좋겠다. ( )
9. 나는 가끔 내 자신이 쓸모없는 사람이라는 느낌이 든다. ( )
10. 나는 때때로 내가 좋지 않은 사람이라고 생각한다. ( )

점수는 총 10점에서 40점까지이며, 점수가 높을수록 자존감이 높은 것을 의미한다.

* 본 검사는 Rosenberg의 Self-Esteem 척도임을 밝혀둡니다.

나는 언제나 아름답다

A양은 친구들 중에서 자신이 가장 예쁘다고 생각한다. 사람들과도 잘 어울리며 스스로 똑똑하다고 느낀다. 그런데 잠시 후, 다른 친구 한 명이 나타났다. 그녀는 곧바로 대화에 끼어들었고 재미있게 이야기를 이끌어 나갔다. 친구들은 그녀 이야기에 맞장구도 치고 많이 웃어주었다. 그녀는 정말 밝고 명랑하며 행복에 겨워 보인다. 외모 또한 정말 예쁘다. 어디 하나 나무랄 데가 없다.

순간 A양은 자신이 초라하게 느껴진다. 지루하고 못생기고 멍청하다는 생각까지 든다. 친구들에게 무슨 이야기를 해야 하는지 떠오르지도 않아 부루퉁하게 앉아만 있다. 갑자기 왜 이렇게 된 것일까?

사람들은 무의식중에 다른 사람과 자신을 비교하는 습관이 있다. 특히 자존감이 낮은 사람들은 비교를 통해 우월감이나 열등감을 느끼기도 한다. 위의 A양의 경우도 마찬가지다. 자신의 존재 가치를 인정하고 스스로를 사랑할 수 있는 마음이 부족하기 때문에 더 큰 열등감을 느끼는 것이다.

자존감(Self-esteem)은 '자신만이 지닌 특별한 가치에 대한 인식' 즉, 자신의 가치를 직접 깨닫는 것을 의미한다. 자기존중감 혹은 자아존중감이라고도 불린다. 자존감은 '가치'와 관련이 있다. 자존감이 높은 사람은 자신을 긍정적으로 평가하며, 내적 일관성을 가지고 있기 때문에 외부 환경이나 다른 사람들의 평가에 크게 흔들리지 않는다. 그래서 늘 밝고 긍정적이며 안정감이 있고 확신에 차 있다. 반면 자존감이 낮은 사람은 "나는 사랑받지 못하는 사람이야. 누구도 나를 진정으로 사랑하지 않아. 나는 있으나 마나 한 존재야. 나는 다른 사람보다 못해"라는 식으로 늘 생각하고 말한다. 다른 사람을 용서하는 것도 힘겨워 하며 작은 비평에도 민감한 반응을 보인다. 또한 쉽게 다른 사람을 비난하고 책임을 전가하기도 한다. 그에게 있어서 '사랑하는 사람이 옆에 있으면 행복하다'라는 생각은 환상에 불과하다. 그는 항상 타인을 통해 자신의 정체성을 파악하려 하기 때문에 강박적인 사랑에 빠지게 된다. 관계에 대해 지나치게 많은 투자를 하고도 상대방이 자신을 떠날까봐 늘 불안해 한다.

아주 매력적이고 사회적으로도 크게 성공한 여자가 있었다. 그녀의 몸매는 드라마틱한 S라인 그 자체로 주위의 모든 이들로부터 부러움을 샀다. 만나는 사람들마다 그 아름다움에 찬사를 보냈다. 하지만 그녀는 거울을 통해 자신의 모습을 제대로 바라보지 못했다. 항상 살이 찔지도 모른다는 두려움에 떨고 있었기 때문이다. 살에 대한 두려움으로 그녀는 끊임없이 다이어트를 했다. 초콜릿이나 비스킷은 입에 대지도 않았다. 식사 초대는 거절하기 일쑤였다. 그녀는 이런 자신이 잘못되었다는 사실을 알면서도 강박관념에서 벗어나지 못했다.

또한 그녀는 사랑에 빠지도 못했다.

"나 자신이 어떤 사람과 사랑에 빠지도록 놔둘 수 없어요. 관계가 끝날 때 나는 너무 힘들거든요.”

그녀는 정말 아름답고 재능이 넘치고 수많은 사람들의 선망의 대상이었지만, 그 누구도 곁에 다가올 수 있게 허락하지 않았다. 심지어 다른 사람들이 모두 인정하는 자신의 아름다움조차 제대로 보지 못했다. 그녀의 눈빛은 텅 비어 보였고, 아름다움은 서서히 퇴색했다.

내가 나를 사랑하지 않고서는 ‘존재’와 ‘관계’의 기본을 세울 수가 없다. 자기 자신을 있는 그대로 사랑하고 언제나 아름답다고 믿으면 삶은 훨씬 단순해지고 신이 날 것이다. 세계적인 자존감 계발 전문가인 미아 퇴르블롬은 그녀의 저서 『자기 긍정 파워, Self-esteem NOW!』에서 다음과 같이 이야기한다.

자존감이 낮으면 자신의 소중함을 깨달을 수 없다. 주변에 누가 있느냐에 따라 자신의 가치가 달라진다. 언제나 한결같이 자신을 존중할 수 없다. 상황에 따라 자신의 가치가 나아지기도 하고 나빠지기도 한다. 좀더 정확히 말하자면, 몇몇의 예외적인 경우를 제외하고 늘 자신을 하찮은 존재라고 느끼게 된다.

자존감 vs 자기애

가정에서 부모들은 한 번 긍정하고 열여덟 번을 부정하며, 학교에서는 선생님들이 한 번 긍정하고 열두 번을 부정한다고 한다. 이처럼 자존감이 높은 사람보다 낮은 사람들이 훨씬 많은 이유는 자명하다. 우리는 부정적인 표현과 의식이 난무하는 환경에 노출되어 있다. 따라서 긍정보다는 부정적인 표현에 익숙해지며, 우리의 의식 또한 부정적이거나 제한적이게 된다.

또한 '겸손'에 대한 잘못된 개념과 '자기애'가 '이기심'과 연관되었다는 생각도 높은 자존감을 갖기 어렵게 된 주원인 중 하나라 볼 수 있다. 겸손은 남을 존중하며 자신을 내세우지 않는 태도를 견지하는 것이지 자신을 비하하는 것이 아니다. 남을 존중하고 자신을 사랑하되 이런 마음을 남에게 드러내지 않는 것일 뿐이다. 자신을 사랑하는 행위는 겸손이나 자기애나 자존감이나 다를 바가 없다.

자존감은 우리 인생에 어떤 영향을 미칠까? 인생에서 겪는 모든 문제는 자존감으로 귀결된다. 자존감에 결함이 있다면 당신은 많은 문제에 직면하게 될 것이다. 낮은 자존감은 자신의 진정한 가치를 모르게 하고 무엇이든 이룰 수 있는 잠재력을 실현하지 못하게 하기 때문이다. 결국 스스로 행복을 억누르고 삶의 풍요로움을 막는 상태가 된다. 긍정적인 자아상 즉 높은 자존감의 중요성을 일깨워주는 일화가 있다.

신체적 장애를 남과 다른 아름다움으로 승화시킨 '영국의 살아있는 비너스, 앨리슨 래퍼'. 래퍼는 두 팔이 없고 기형적으로 짧은 다리를 지니고 태어났다. 생후 6주 만에 거리에 버려져 19년 동안 복지시설에서 자랐다. 스물한 살 때 결혼했지만 남편의 폭력 때문에 9개월 만에 헤어지고 말았다. 이후 주변 사람들의 만류에도 불구하고 장애인의 몸으로 혼자서 아들 패리스를 낳았다. 그녀는 이런 상황에서도 미술대학을 졸업하고, 입과 발로 그림을 그리는 구족화가 겸 사진작가가 되었다. 그녀는 불편한 자신의 몸을 숨기지 않고 작품의 소재로 삼는 등 적극적인 방식으로 장애를 극복했으며, 2003년에 스페인 '올해의 여성상'과 영국 왕실에서 수여하는 '대영제국 국민훈장'을 받았다. 2005년에는 '세계 여성상'을 수상하기도 했다.

"나는 장애를 갖고 태어났지만 행복하다. 장애인을 일컫는 'disable'이란 말은 사회에서 만들어낸 것이지 앨리슨, 나 자신에 의해 만들어진 게 아니다. 나는 그저 남들과 조금 다를 뿐이다. 남들이 나를 어떻게 생각하느냐는 전혀 신경 쓸 일이 아니다."

래퍼는 작품 활동을 할 때마다 장애인의 몸이 정상인과 다르다는 것은 문제되지 않으며, 오히려 그 다름이 내 몸을 특별하고 아름답게 만든다는 것을 깨닫는다고 했다. 그녀는 세상 사람들이 말하는 장애인으로 태어났음에도 불구하고 자신을 사랑했으며 나아가서 자부심마저 느꼈다. 이는 바로 그녀의 흔들림 없는 자존감 덕분이었다.

뚱보는 자존감이 낮다

춤추는 한의사로 알려진 최승 원장은 다이어트를 할 때도 자존감이 중요하다고 강조한다.

"나를 사랑하면 살이 빠집니다. 자존감은 체중 감량과 밀접한 관계를 갖고 있습니다. 체중이 빠져도 자신을 못나게 여긴다면 언젠가 다시 뚱뚱한 사람으로 되돌아갈 것입니다. 자신은 원래 뚱뚱한 사람이라고 마음속 깊은 곳에서 확신하고 있기 때문이죠. 하지만 나는 원래 멋진 사람이라고 생각한다면 살은 저절로 빠지게 마련이랍니다. 기본적으로 내 자신을 귀하게 여기고 사랑하는 마음을 가지고 있으면, 다이어트 과정도 상대적으로 쉬워지며 작은 결과를 얻을 때마다 스스로를 격려하게 됩니다.

반면에 자존감이 낮은 경우 내 자신을 뭔가 반드시 바꿔야만 하는 존재로 여기기 때문에, 다이어트는 힘들어집니다. 전자와 후자가, 같이 3킬로그램을 감량한 후에도 반응은 정반대입니다. 자존감이 높은 경우에는 '그래, 역시 난 잘 해나가는구나. 좀더 작은 옷도 잘 어울리겠지?'라고 생각하지만, 자존감이 낮은 경우에는 '고작 이것 빠져서, 뭐가 달라질까? 갈 길은 태산인데, 내가 잘 할 수 있을까'라는 생각을 하게 됩니다. 기억하세요. 자존감은 갑자기 올라가거나 내려가지 않습니다."

내가 가치 없는 사람이라면, 내가 하는 그 어떤 일도 가치가 없을 수밖에 없다. 그것이 다이어트든, 사랑이든, 성공이든 마찬가지다. 모든 것은 사랑을 듬뿍 받는 자아와 함께 출발한다. 자기 자신의 모습이 마음에 들지 않아 다이어트를 시작한다면 결코 성공할 수 없으며 진실로 행복해질 수도 없다. 물론 단기적으로는 성공할 수는 있다. 하지만 장기적으로는 실패하고 말 것이다. 외모만 바꾼다고 해서 자신을 좋아하게 되는 일은 없다. 자존감은 밖에 있는 것이 아니라 안에 있기 때문이다.

다이어트를 통해 몸매를 아름답게 가꾸기 전에 자신을 아끼고 사랑하자. 실제 연구에서도 자존감이 증진되면 체중 감량 후 유지도 훨씬 쉬워지고, 감량 또한 쉽다는 보고가 있었다. 이와 관련된 미국의 한 연구 결과를 보자.

'인기 없다고 생각하면 몸무게 더 늘어'

학창 시절 어떤 자아상을 가지고 있는가가 훗날 자신의 몸무게를 결정한다는 이색적인 연구 결과가 나왔다. 뉴욕시 정신건강 위생국의 애디나 레임쇼는 "자신이 학교에서 인기가 없고 자아존중감이 낮다고 생각하는 10대 소녀일수록 몸무게가 더 높다"는 연구 결과를 발표했다. 연구팀은 다양한 인종의 평균 15세 소녀 4446명을 대상으로 자신에 대해 가지고 있는 사회적 이미지를 살펴보았다. 연구진이 약 2년간 자아존중감이 높다고 생각하는 A그룹과 자아존중감이 낮다고 생각하는 B그룹의 몸무게 변화를 조사한 결과 A그룹은 평균 6.5파운드(약 2.95킬로그램), B그룹은 11파운드(약 4.99킬로그램)가 늘어난 것으로 조사됐다.

_서울신문 나우뉴스 (2008. 01. 08)

　이 결과에서 알 수 있듯이, 자아존중감이 낮다고 생각하는 그룹이 자아존중감이 높다고 생각하는 그룹에 비해 약 1.7배나 체중이 증가했다. 국내의 경우도 '인터넷 설문을 통해 조사한 여성의 비만도와 자존감, 섭식 요인, 우울의 상관관계와 다이어트 진행에 따른 섭식 요인의 변화'라는 주제로 자존심과 다이어트의 상관관계를 조사했다. 대한한방비만학회지 2005년 12월호 제5권 제1호(pp.75-85, 저자: 최형석, 전세일, 최승)에 실린 결과에 따르면 자존감은 비만도가 증가할수록 낮아지는 경향을 보였다고 한다.

　비만 증세가 있는 사람들은 대체로 자존감이 낮다. 특히 남들에게 예쁘게 보여야 한다는 강박관념이 잠재의식 속에 있는 여성들은 비만 증세가 있는 경우, 비만인 자신을 한탄하며 스스로가 밉다고 생각하기 쉽다. 또한 다른 사람들 역시 뚱뚱한 자신을 비웃고 싫어할 것이라고 결론을 내려버린다. 여성의 경우 우울증에도 노출되기 쉽다. 외출도 꺼리고 사람들과도 잘 어울릴 수 없다. 무엇을 먹어도 즐겁게 먹을 수 없으니, 음식이 제대로

소화될 리 만무하고 결국엔 자잘한 병까지 얻게 된다.

　자기 자신이 아주 못났다고 생각하는 어느 중학교 선생님의 사례를 보자. 그녀는 세상에 못난 사람과 잘난 사람이 있다고 생각했다. 당연히 자신은 못난 편에 속한다고 여겼고 잘난 사람들과는 감히 어울릴 수 없다고 느꼈다. 하지만 의식의 또 다른 한편에서는 잘난 사람들과 어울리고 싶어했다. 그래서 그녀는 살을 빼면 무언가 달라지지 않을까 생각했다.

　이후 그녀는 살을 빼고 예뻐져서 멋진 남자를 만났다. 불과 몇 달 전만 해도 "나보다 못한 남자들만 저를 좋아해요. 제가 좋아하는 사람들에겐 말도 못 붙이겠어요. 저 좋다는 남자들한테는 아주 못되게 굴어요"라며 고민을 토로하던 그녀였다. 하늘거리는 원피스를 입고 달라진 모습으로 학교에 나갔더니, 모두들 수군수군 난리가 났다. 어떻게 그녀가 이런 멋진 모습이 됐을까!

　그녀는 우선 세상에는 잘난 사람도 못난 사람도 없다는 사실을 받아들였다. 장단점이 서로 다를 뿐이며 자신도 훌륭한 장점을 가지고 있다고 생각했다. 매일 거울을 보고 자신을 칭찬했으며 예쁜 옷으로 치장을 했다. 그때서야 비로소 살이 조금씩 빠졌다. 살이 빠지면 예뻐지리라는 생각을 버리고, 자신은 원래 예쁜 존재라는 것을 받아들이기 시작할 때 날씬해질 수 있었다.

　낮은 자존감은 거식증이나 폭식증을 유발시키기도 한다. 거식증(신경성 식욕부진증)은 객관적으로 말랐음에도 자신은 살이 쪘다고 생각하여 식사를 거의 하지 않는 증세이며, 신경성 대식증은 한꺼번에 다량의 음식을 먹는다는 점에서 '폭식증'이라고 부른다. 폭식 후에는 구토 등의 여러 가지 제거행동이 따른다는 점에서 일반적인 '폭식증'과는 차이가 있다.

> 을지대학병원 정신과 정범석 교수는 "식이장애 환자들은 자신에 대한 기대수준이 지나치게 높기 때문에 그 기준에 못 미치게 되면 스스로를 무가치하다고 생각하게 되고, 자아존중감이 심하게 손상된다"고 지적한다. 나아가 감정의 기복이 심해지고 무기력감과 열등감에 휩싸여 대인 관계 회피나 물질 남용, 심하면 자해나 자살하는 경향을 보이기도 한다.
>
> _경향신문 (2005. 05. 08)

식이장애에 빠지는 심리적 원인은 수백만 가지다. 하지만 이들은 공통적으로 자존감이 낮은 특징을 보인다. 자존감이 낮은 사람들은 남의 칭찬이나 비난에 예민하며 완벽주의 성향이 있다. 작은 일에 상처를 받고 이런 일이 거듭되면 폭발하기 일보 직전인 상태가 된다. 하지만 겉으론 성실한 사람으로 보인다.

식이장애 환자들은 영양 불균형이 심해 내과를 찾아야 한다고 생각하기 쉽다. 하지만 정신과가 정답이다. 정신과 치료를 통해 심리적인 원인, 즉 자존감이 낮아진 원인을 찾아 개선해야 한다. "다리가 굵다", "돼지처럼 먹는다" 같은 말에 상처를 입었을 때는 그 말이 옳지 않다는

것을 느끼게 하는 인지행동치료를 한다. 예를 들어 "너는 정상체중이
다", "맛있는 것을 먹을 때는 게걸스럽게 먹는 것이 자연스러운 것이
다" 등의 말로 자신감을 찾아 주는 것이다.

_동아일보 (2006. 11. 13)

열린신경정신과 배경도 원장은 거식증의 뚜렷한 원인 분석이 지금까
지 이루어지지 않았다고 소개한다. 다만 성격적으로 자존감이 낮고
경직된 가치관을 갖고 있으며 완벽주의 성향을 가진 이들에게 발병
가능성이 높다는 점을 원인으로 꼽았다.

_노컷뉴스 (2006. 11. 22)

만 여섯 살에 네덜란드로 입양되어 15년간 지속된
폭식증과 절망을 극복하고 26년 만에 영구 귀국한
윤주희 씨는 그의 저서 『다녀왔습니다』에서 이렇게
말한다.

"열세 살부터 열일곱 살까지 폭식과 거식이 매일
반복됐어요. 지독했죠. 누구도 나를 사랑하지 않는
다고 생각했고 그 공허감을 음식으로 채웠어요."

그녀는 과한 체중 조절의 원인이 자신감과 자존감
이 없기 때문이라고 지적한다. 그리고 치유를 위해
서는 정신적인 도움이 우선이라고도 했다. 자존감이
낮은 상태에서 다이어트를 시작할 경우 폭식증이나

거식증과 같은 식이장애로 고통 받을 수도 있다는 것이다.

현재 국내에서는 10~20대 여성의 0.7~0.8%가 식이장애를 앓고 있으며, 10% 정도는 식이장애에 걸릴 수 있는 고위험군인 것으로 추산되고 있다.

유일무이한 자산은 바로 '나'

우리는 '열등'하지 않다.

우리는 '우월'하지도 않다.

우리는 그저 '자기 자신'일 뿐이다.

한 개인으로서 '나'는 이 세상 전체나 내가 속한 계층 내에서

같은 사람이 없으므로 다른 개인과 경쟁 관계에 있는 것이 아니다.

'나'는 단 하나뿐인 개인이며 독특한 존재이다.

'나'는 나 외의 다른 사람이 아니며 다른 사람처럼 될 수도 없다.

다른 사람 역시 '나'처럼 될 수 없다.

신은 표준적인 인간을 창조하지 않았다.

신은 어떤 면에서는 '이만 하면 됐어'라고 말했을 수도 있다.

신은 모든 눈송이를 제각각 독특하게 만든 것처럼

모든 인간도 개인적으로 독특하게 만들었다.

신은 키 작은 사람, 키 큰 사람, 체구가 큰 사람, 체구가 작은 사람

그리고 마른 사람, 뚱뚱한 사람, 흑인, 황인, 백인 등을 창조했다.

하지만 크기, 형태 또는 색깔에는 편애를 두지 않았다.

_맥스웰 몰츠 『성공의 법칙』

이 세상 어떤 사람도 '나다운 것'을 나보다 더 잘할 수는 없다. 우리는 스스로 존재할 뿐이지 훌륭하다 일컬어지는 누군가가 되어야만 빛을 발하는 그런 존재가 아니다. 나라는 존재는 과거에도 없었고 현재에도 없으며, 백만 년이 흐른다 해도 이 세상에 없을 것이다. 어느 누구도 당신과 똑같은 관점으로 세상을 바라보고 반응할 수는 없다.

모든 인간은 저마다 그 나름대로 특별한 존재 가치가 있다. 존재하는 모든 것들은 각자 하나 밖에 없는 삶을 온전하게 누릴 완전한 자격과 권리가 있다. 물론 자신이 아주 하찮게 느껴질 때도 있으며 잘못을 저지르는 경우도 많을 것이다. 하지만 우리 모두는 세상에서 단 하나뿐인 소중한 존재다. 누구도 예외는 없다.

인간은 단 한 사람도 예외 없이 그만의 고유한 존재 가치가 있다. 남녀노소, 교육 정도, 경제적 조건, 인종 등은 존재 가치 앞에서 부수적인 조건에 불과하다. 혹 내가 가지고 있는 능력이 실감 나지 않는다면, 모든 인간이 가지고 있는 다음의 능력을 한번 생각해 보라.

모든 인간의 두뇌에는 150억 개 이상의 신경세포들이 반짝거리며 작용하고 있다. 우리의 귀는 20Hz에서 20,000Hz 사이에 있는 1,600가지의 주파수를 들을 수 있고, 우리의 눈은 빛줄기 속 단 하나의 광자도 찾을 수 있다. 1억 3,200만 개에 달하는 추상체와 간상체 세포에서 들어온 시각

정보들이 80만 개의 시각 섬유 신경을 타고 당신의 두뇌로 전달된다. 또한 206개의 뼈와 656개의 근육들은 이 세상의 어떤 생물보다 기능적으로 잘 정비된 형태를 자랑한다. 우리 모두는 자신의 모든 능력을 이루 다 헤아릴 수 없을 정도로 뛰어난 존재이다.

"나는 소중한 존재이고 내 안에는 무한한 잠재력이 있다"는 믿음을 가지자. 이런 믿음이 높은 자존감의 토대가 된다.

『죽음의 수용소에서』로 알려진 로고테라피의 창시자인 빅터 프랭클은 그의 저서 『인간의 의미에 대한 추구』에서 다음과 같이 역설하고 있다.

모든 사람은 완성이 요구되는 구체적인 과제를 수행하도록 저마다의 특정한 천직 또는 사명을 지고 있다. 이런 점에서 사람은 다른 사람을 대신할 수 없으며, 어떤 사람의 삶을 되풀이해서 살 수 없다. 그러므로 모든 사람의 과제는 이를 구현할 수 있는 기회만큼이나 고유한 것이다.

내면의 기쁨을 꿈꾸라

꿈은 우리를 살아 있게 하고 자존감을 고양시켜 준다. 꿈을 이루고자 하는 사람은 자기 스스로에 대한 존재감을 명확히 느낄 수 있기 때문에 더욱 높은 자존감을 가질 수 있다.

앞서 자존감은 자기 스스로를 사랑하고 존중하는 마음이며, 자신만이 지닌 특별한 가치에 대한 인식이라고 한 바 있다. 이 인식은 꿈을 실현하는 과정에서 더욱 확실하고 분명해진다. 물론 그 꿈은 진정으로 원하는 것이며, 생각만 해도 가슴이 벅차오를 만한 것이어야 한다. 그 꿈이 최종적으로 실현되고 되지 않고는 두 번째 문제다. 스스로 정한 꿈을 실현하고자 한 발 한 발 내딛는 과정 자체가 크나큰 즐거움이고 보람이며 자신이 세상에 존재하는 이유다.

그러면 언제 자신의 존재감을 가장 강력하게 느낄 수 있을까? 우리는 자신이 추구하는 꿈이 '소명'임을 깨달을 때 가장 확실하고도 명확하게 스스로에 대한 존재감을 느낄 수 있다. 소명이라는 뜻의 영어는 '하느님의 부르심'을 의미하는 calling 혹은 vocation이다.(여기서의 하느님은 반드시 기독교에서 말하는 God을 말하는 것은 아니다) 미국의 존경받는 교육 지도자인 파커 J.파머는 그의 저서 『삶이 내게 말을 걸어올 때』에서 소명에 대해 다음과 같이 언급하고 있다.

"진정한 소명은 자기(self)와 봉사(service)를 하나로 결합한다. 프레드릭 뷰크너는 소명을 마음 깊은 곳에서의 기쁨과 세상의 절실한 요구가 만나는 지점이라고 정의한 바 있다. 소명이란 자기(self)에서 시작하여 세상의 요구를 향해 나아간다는 것이다."

'마음 깊은 곳에서의 기쁨'이 의미하는 것은 신이 우리에게 생명을 줄 때, 저마다의 재능도 함께 준 이유를 깨닫게 됨으로써 크나큰 기쁨을 느낀다는 것을 의미한다. 이런 내면의 기쁨은 세상의 절실한 요구와 만날 때 더없

48

이 커지며, 이런 기쁨은 자존감 또한 상승시키는 원동력이 된다.

필자가 이 책을 집필하는 동안 가슴속에 간직한 꿈은, 살을 빼고자 신경이 곤두서 있는 이 땅의 모든 사람들을 조금이나마 그 고통에서 해방시키는 것이다. 더 이상 살과의 전쟁에 정신과 에너지를 소모하지 않고, 보다 더 큰 높은 목표와 이상을 향해 오롯이 매진할 수 있도록 말이다. 이런 꿈이 조금씩 이루어지는 것을 확인할 때마다 나의 자존감도 조금씩 높아지리라.

자존감 일기 쓰기

자존감은 습득하고 터득해야 하는 삶의 기능이다. 천부적으로 생기는 것이 아니다. 미국의 심리학자 나시니엘 브랜든은 자존감이 긍정적인 자세로 주체적인 사고를 하고 고독을 참아내며 성실과 정직을 유지할 수 있는 기능이라고 정의했다. 세계적인 경영 컨설턴트이자 동기부여가인 브라이언 트레이시도 자존감의 중요성을 언급하며 자긍심에 대해 다음과 같이 말했다.

"자긍심이라는 것은 작은 구멍으로 바람이 조금씩 새는 타이어와 같습니다. 여러분이 새로운 비즈니스나 인생을 시작하려 할 때 자긍심은 구멍 난 타이어가 됩니다. 따라서 끊임없이 자긍심 타이어에 바람을 넣어줘야 합니다."

"나는 나를 좋아해, 나는 나를 좋아해!"

그럼 본격적으로 자존감을 높일 수 있는 방법은 어떤 것들이 있을까? 자존감을 높일 수 있는 방법 중 가장 효과적인 것은 바로 '자존감 일기 쓰기'다. 자존감 일기는 자기 전 5~10분을 할애하여 매일 쓰도록 한다.

우선 자신이 잘한 일이나 자신에게 뿌듯함을 느끼는 부분을 3가지 이상 쓴다. 다 쓴 후에는 각각 3번씩 되뇐다. "나는 오늘 한 정거장 전에 내려서 회사까지 걸어갔다." "나는 오늘부터 내가 하기로 한 일을 지켰다. 그런 내가 뿌듯하다."

그리고 오늘 하루 아쉬웠던 점이나 못마땅했던 점을 생각나는 대로 쓴다. 이때 자기 암시문을 문장의 전후에 넣도록 한다. 다 적은 후에는 역시 3번씩 되뇐다. "비록 나는 오늘 저녁 늦게 치킨을 시켜 먹어 후회가 되지만, 그럼에도 불구하고 나 자신을 온전히 받아들이고 깊이 사랑합니다." "비록 나는 오늘 내가 한 행동이 한심하게 느껴질지라도, 나 자신을 온전히 받아들이고 깊이 사랑합니다."

만약 이렇게 3번을 반복한 후에도 여전히 심적 거부감이 남아 있다면, 다음과 같이 해본다. "비록 나는 저녁 늦게 치킨을 시켜 먹어 후회가 되는 느낌이 여전히 남아있지만, 그럼에도 불구하고 나 자신을 온전히 받아들이고 깊이 사랑합니다." "비록 나는 오늘 내가 한 행동이 한심하게 느껴지는 느낌이 여전히 남아 있지만, 나 자신을 온전히 받아들이고 깊이 사랑합니다."

위의 말을 되뇐 이후에는 자신이 원하는 혹은 되고자 하는 긍정적인 선택 암시문의 형식으로 다음과 같이 표현한다. 역시 3회 정도 반복한다. "비록 나는 저녁 늦게 치킨을 시켜 먹어 후회가 되지만, 내일부터는 반드시 저녁 늦게 살찌는 음식을 먹지 않을 것을 선택합니다." "비록 나는 오늘 내가 한 행동이 한심하게 느껴지지만, 다음 번에는 보다 현명하게 행동할 것을 선택합니다."

이때 주의할 점은 말로만 되뇌는 것이 아니라, 이 말이 담고 있는 의미를 진심으로 느끼면서 해야 한다는 것이다. 가능한 크게 하도록 한다. 그래도 여전히 거부감이 생기거나 자신을 받아들이고자 하는 마음이 생기지 않으면 최종적으로 다음과 같이 말한다.

"오늘 나의 행동을 지금도 받아들이지 못하는 나 자신을 온전히 받아들이고 깊이 사랑합니다!"

위와 같은 말을 하는 것이 어떻게 자존감을 높여줄 수 있을까 하는 의구심이 들 수도 있다. 하지만 자존감은 '의식'에 저장되어 있는 것이 아니라,

인식하지 못하는 '무의식'에 깊이 뿌리 박혀 있다. 우리의 무의식은 논리적으로 옳고 그름을 판단하지 못하고 부정을 인식하지 못하고, 반복적으로 생생하게 주입된 것에 반응하는 특징이 있다. 따라서 우리가 "비록 OO하지만, 그럼에도 불구하고 나 자신을 온전히 받아들이고 깊이 사랑합니다"라고 반복해서 말할 때, 의식은 자신의 아쉬운 점이나 못마땅한 점을 받아들이지 못할 수도 있지만 무의식은 자신을 온전히 받아들이고 깊이 사랑하게 된다.

위의 자존감 일기를 매일 써보라. 적어도 한 달 정도는 지속해야 괄목할 만한 결과를 얻을 수 있다. 그리고 위의 '자존감 일기 쓰기'의 효과가 궁금한 분을 위해 간단한 자기수용문을 아래에 예시했다. 하지만 책 읽듯이 눈으로만 읽는 것은 효과가 별로 없다. 반드시 소리 내어 큰 소리로 읽어보라. 자신의 목소리를 녹음한 후 눈을 감고 따라 하면 더욱 특별한 느낌이 들 것이다.

"나는 비록 지금은 나 자신을 있는 그대로 수용하고 사랑하지 못하고,
앞으로도 당분간은 나를 온전히 수용하고 사랑할 수 없을지라도,
그럼에도 불구하고 나 자신을 온전히 수용하고 사랑하며,
내면의 목소리를 따르고 나만의 탁월성을 발휘하며,
앞으로 나의 인생을 행복하고 풍요롭게 살 것을 선택합니다."

제한적 신념에서 해방되자

"실패란 없으며, 단지 중간 결과만 있을 뿐이다."

실패에 대한 신념은 행동을 주도한다. 사람들은 누구나 나름대로의 가치관이나 신념을 갖고 살아간다. 가치관과 신념에 따라서 행동의 방향이나 폭이 달라질 수 있으며, 삶의 질 또한 영향을 받는다.

어떤 사람이 여러 번 사업에 실패했을 경우, 그 사람이 실패에 대해 어떤 신념을 갖고 있느냐에 따라서 다음 행동은 달라진다. 실패를 시행착오의 한 과정으로 여긴다면 긍정적으로 재기할 수 있을 것이고, 강박관념에 휩싸여 실패를 너무 민감하게 받아들이면 좌절에 빠져 다시 새로운 도전을 하기란 어려울 것이다. 이처럼 삶의 이슈들에 대한 제한적 신념은 다이어트에도 똑같이 적용된다.

냉장차의 온도는 섭씨 13도

철도 역무원이었던 닉 시즈맨은 매우 젊고 건장한 사람이었다. 어느 여름날, 동료의 생일 파티에 가기 위해 모두 한 시간 일찍 퇴근하게 되었다. 그런데 그는 그 사실을 깜빡 잊고 평상시처럼 냉장차에서 일을 했고, 동료들은 그 사실을 모른 채 냉장차를 밖에서 잠그고 퇴근했다. 뒤늦게 자신이 갇힌 것을 알게 된 닉은 안에서 문을 두드리고 소리를 치며 발버둥을 쳤으나 주위에는 아무도 없었다. 그렇게 고통의 몇 시간이 지난 후 그는 냉동차의 나무 바닥에 칼로 이렇게 새겼다. "너무 추워 온몸이 마비되는 것 같다. 차라리 이대로 잠들어 버렸으면 좋겠다. 아마도 이게 나의 마지막이 될 것이다."

다음 날, 닉은 냉장차 안에서 시체로 발견되었다. 하지만 닉이 갇혀 있던 밤 냉장차는 가동되지 않았으며, 차량 속의 온도는 섭씨 13도였다. 너무 추워 얼어 죽겠다는 그의 마지막 말에도 불구하고 수사 결과 그의 시체는 얼어서 죽은 것이 아니라는 사실이 밝혀졌다. 닉은 추워서 죽은 것이 아니라 자신이 '얼어 죽을 것이다'라는 극도의 공포와 두려움에 휩싸여 죽은 것이다.

그의 죽음은 과연 무엇을 의미할까? 그는 냉장차 안에 갇혀 곧 얼어 죽을 거라고 100% 믿었다. 만약 그가 0.1% 아니 0.001%라도 얼어 죽지 않는다는 가능성을 믿었다면, 결코 죽지 않았을 것이다.

많은 사람들이 "나는 ○○라서(때문에) 안 돼!", 혹은 "나는 ○○가 없어서 할 수 없어!"라는 제한적 신념을 가지고 있다. 하지만 자신에게 이런 제한적 신념이 있는지조차 모르는 경우가 많다. 자신의 가능성과 잠재력의 크기를 집의 천장에 비유하자면, 대부분의 사람들은 1미터도 안 되는 허구의 한계 밑에서 살고 있다. 하지만 자신의 잠재력을 발휘하기만 한다면, 누구라도 30미터 정도의 꿈은 이룰 수 있다. 그 꿈이 부자가 되는 것이든, 일의 성공이든, 행복이든 무엇이든……. 당신의 1미터짜리 천장 높이를 30미터까지 높였을 때 느낄 수 있는 편안함에 대해 생각해 보라. 아마 다시 태어난 느낌일 것이다. 인류 역사를 통틀어 사람이 이루어낸 찬란하고 탁월한 성취를 당신도 이룰 수 있다. 심지어 지금까지 그 누구도 이루지 못했던 일을 해낼지도 모른다. 의식계발 프로그램인 아바타(Avatar) 프로그램을 창안한 미국의 교육 심리학자 해리 팔머는 "신념이 경험을 창조한다"고 주장한다.

당신은 믿는 대로 경험한다.
믿는 대로 경험하지 않는다고 믿는다면,
당신은 믿는 대로 경험하지 않는다.
하지만 이것은 곧 당신이 믿는 대로 경험한 것이다.

인간 의식의 바탕은 신념이다. 신념은 어떤 방향을 가진 생각, 즉 믿음이다. 내가 참 운이 없는 사람이라고 생각하는 것은 곧 그렇게 믿는다는 말이다. 신념은 관점을 낳으며, 우리가 그 관점을 통해 보는 현실을 진실이라고 생각함으로써 신념의 핵심이 형성된다.

영국의 한 외과 의사가 유방암 환자를 수술한 후 그 환자들의 심리 상태와 5년 동안의 생존율을 조사했다. 그 결과 '단호히 암과 싸우겠다'는 의지를 가진 그룹은 10명 중 9명이 생존했으나, '이제 내 인생은 끝장이다'라고 생각한 그룹은 5명 중 4명이 사망했다고 한다.

당신은 미국 NBA 슬램덩크 숏 콘테스트에서 170센티미터도 안 되는 키를 가지고 우승할 수 있다고 생각하는가? 상식적으로 생각할 때 불가능한 일이다. 농구를 해본 사람은 알겠지만 농구 골대의 높이는 3.05미터다. 만약 키가 170센티미터라면 골대와의 간격은 무려 1미터 35센티미터나 된다. NBA 선수들의 평균키는 보통 2미터 정도다. 170센티미터로 우승한다는 것은 말도 안 되는 얘기다. 서커스에서 광대들이 쓰는 가짜 나무다리를 다리에 부착하면 가능할까? 그러나 1986년 NBA 슬램덩크 숏 콘테스트에서 스퍼드 웹이라는 선수가 170센티미터도 안 되는 키로 당당히 우승했다. 모든 이들이 불가능하다고 여겼지만 그는 할 수 있다고 믿으며 도전했고 결국 성공했다. 이처럼 어떤 일을 함에 있어서 당신이 "난 할 수 있어"라고 100% 믿기만 한다면, 그 일이 무엇이든 당신은 성공할 수 있다.

다이어트도 예외가 아니다. 당신은 다이어트에 대해 어떤 제한적 신념을 가지고 있는가? 다이어트는 원래 성공하기 힘든 거라고! 보통 독한 사람이 아니면 절대 성공할 수 없다고! 당신은 지금까지 숱하게 다이어트를 시도했다가 중도에 포기했을 수도 있고, 더러 한 번쯤은 성공했을 수도 있었을 것이며, 여태껏 단 한 번도 성공하지 못했을 수도 있다. 아니면 이제 다이어트에 처음 도전하고 있는지도 모른다.

미국 국립보건원 자료에 따르면 다이어트를 시도한 사람 중 95~98%가 3년 이상을 유지하지 못했으며, 오히려 더 살이 찌는 현상이 나타났다고 한다. 이 자료에서도 볼 수 있듯이 다이어트는 한 번 성공하기도 어려울 뿐 아니라 어렵사리 성공했을지라도 그 상태를 계속 유지하기란 더더욱 힘들다. 이런 상황에서 다이어트에 자신감을 갖는 것이 어려운 것도 무리가 아니다. 하지만 위의 자료를 가만히 살펴보면, 2~5% 정도는 3년 이상 성공적인 다이어트를 유지한다는 사실을 알 수 있다. 2~5%의 사람들이 성공했듯이 당신도 성공할 수 있다.

우선 "난 의지력이 약해서 안 될 거야" 혹은 "지금까지 매번 실패했는데, 이제 와서 달라질게 뭐 있겠어!"와 같은 제한적 신념에서 해방되어야 한다.

하지만 과연 의지력이 약해서 실패한 것일까? 지금까지 실패했기 때문에 다시는 성공할 수 없는 걸까? 이 또한 당신의 제한적 신념이다. 십중팔구 당신은 지금까지 다이어트에 실패한 이유가 나약한 의지력 때문이라고 생각하지만, 의지력은 단지 한 부분일 뿐이다. 그동안 당신이 다이어트에 성공한 적이 없다면 지금까지 잘못된 길을 걸어왔을 가능성이 크다. 하지만 지금이라도 올바른 방법을 익히기만 하면 당신도 성공할 수 있다. 다만 아직까지 그 방법을 몰랐을 뿐이다. 이 책에서 제시하는 방법을 차근차근 익혀 몸에 체화시킨다면 당신도 충분히 성공할 수 있을 것이다.

실패란 없다, 단지 결과만 있을 뿐이다

진정한 승리자는 실패를 교훈으로 삼는다. 그들은 원하는 결과를 얻지 못했을 때도 교훈을 얻는다. 교훈을 이용해 전과는 다른 방법을 시도하며, 행동을 취하고 새로운 결과를 얻는다. "시련은 있되, 실패는 없다"라고 한 고 정주영 현대그룹 회장의 말과도 일맥상통한다. 시련은 성공으로 가는 중간 결과이며, 실패를 교훈 삼아 불굴의 의지로 계속 나아간다면 언젠가는 성공할 수 있다.

여기 한 남자의 일생이 있다.

1816년 가족 파산

1818년 어머니 사망

1831년 사업 파산

1832년 주 의회 선거 출마 낙선

1833년 친구에게 빌린 돈으로 사업을 다시 시작 파산

1834년 약혼녀 사망

1836년 신경쇠약으로 정신병원 입원

1838년 주 의회 대변인 선거출마 낙선

1840년 정부부통령 선거 출마 낙선

1843년 하원의원 선거 출마 낙선

1848년 하원의원 재선거 출마 낙선

1849년 고향의 국유지 관리 희망 낙선

1854년 상원의원 선거 낙선

1856년 부통령 후보 지명 선거 낙선

1858년 상원의원 선거 재출마 낙선

그리고

1860년 미합중국 대통령에 당선

그는 미국 역사상 가장 존경 받는 대통령인 '에이브라함 링컨'이다.

링컨과 같이 탁월한 성과를 이룬 사람은 한 번 시도했다가 원하는 결과를 얻지 못하면 그것을 단순히 중간 결과 내지는 피드백이라고 이해한다. 그 중간 결과를 통해서 원하는 것을 이루기 위한 통찰력과 교훈을 얻을 수 있다. 실패를 두려워 마라. 실패를 툴툴 털어버리고, 곧바로 전진하면 그뿐이다. 실패는 단지 성공으로 가는 중간 과정일 뿐이다.

다이어트도 마찬가지다. 많은 사람들이 뚱뚱한 자신의 몸 때문에 우울해 한다. 그러나 비만에 대한 그런 태도는 아무것도 바꿀 수 없다. 지금까지 비만이라는 결과를 만들어 내는데 성공했다면 이제부터는 날씬함이라는 새로운 결과를 만들 것이라는 사실을 받아들이자. 자신의 비만을 실패라고 간주하는 한 우리는 그 무엇도 할 수가 없다. 그러나 그것을 자신이 만들어 낸 결과라고 생각을 바꾸는 순간, 우리는 성공의 길목에 서게 된다.

당신이 그동안 몇 번의 다이어트를 시도했고, 몇 번의 실패를 겪었는지는 중요하지 않다. 우리는 당장 새롭게 시작할 수 있다. 지금 이 순간 당신에게 새로운 시작이 주어지는 것이다.

성공주문을 활용하라!

"당신이 어떤 일에서 작은 승리를 거두게 되면, 그 느낌을 불러일으키고 수시로 재현하라. 그러면 더 큰 일도 성취할 수 있다."

『성공의 법칙』의 저자 맥스웰 몰츠 박사는 과거에 성공한 경험이 있는 사람이 앞으로도 성공할 확률이 더 높다고 강조한다.

모든 승리는 자신감이 완성하며, 자신감은 작은 승리가 모여 쌓인다. 곡예용 외발 자전거를 능숙하게 탐으로써 자신감을 찾은 애드나의 일화를 보자. 자신의 일에서 승승장구하고 있는 애드나는 새로운 일에 항상 자신만만하게 도전한다. 그녀가 그런 대담무쌍함을 갖게 된 계기는 다음과 같다.

어느 날 애드나는 TV에서 곡예용 외발 자전거를 타는 출연자를 보았다. 곡예용 외발 자전거를 탄 사람은 뛰어난 균형 감각, 우아한 자태, 여유로움을 보이면서 손에 조정 막대기도 쥐지 않은 채 멋지게 움직였다. 곡예용 외발 자전거를 타는 것은 너무나 손쉬워 보였다. 그 장면에 흠뻑 빠진 그녀는 결국 자전거 상점에서 곡예용 외발 자전거를 빌렸다. 그러나 외발 자전거를 타는 것은 TV에서 보았던 것처럼 쉽지 않았다. 그녀는 자전거에서 계속 떨어졌다. 그러나 그녀는 쉬지 않고 연습에 매달렸고, TV에 출연했던 사람만큼 외발 자전거를 탈 수 있었다. 무엇보다 할 수 없다고 생각했던 일을 성공한 것이 자랑스러웠다.

몇 년 후 애드나가 프랑스어 때문에 힘든 시간을 보내고 있을 때 그녀의 어머니는 이렇게 말했다. "외발 자전거를 탈 수 있었던 아이라면 프랑스어 정도는 충분히 배울 수 있단다!" 애드나는 노력을 기울였고 곧 다른 아이들을 가르칠 수 있을 정도로 능숙하게 프랑스어를 구사하게 되었다. 학교를 졸업한 후에 애드나는 춘계 연극 단원으로 활동하기를 희망했는데, 예전의 외발 자전거 경험이 그녀에게 소중한 격려가 되었다. 그녀는 매번 이렇게 되뇌었다.

"외발 자전거를 탈 수 있었던 아이라면 원하는 직업을 가질 수 있고, 오디션을 볼 수 있고, 배우로 선발될 수도 있어. 나는 무엇이든 할 수 있어."

그 후에도 그녀는 소녀 시절의 성취감을 바탕으로 여러 가지 의미 있는 성공을 이루었다. 외발 자전거는 그녀의 삶에서 성공의 주문이 되었다.

또 하나의 사례를 살펴보자. 문용린의 『지력혁명』에 소개되는 일화다.

IBM을 세계적인 컴퓨터 기업으로 끌어올린 토마스 윗슨은 젊은 시절, 당시 IBM 사장이었던 아버지로부터 늘 핀잔을 들었다. 그는 별다른 재능도 없는 평범한 사람으로 보였다. 심지어 IBM의 세일즈맨 학교에서 교육을 받던 시절에는 과외를 따로 받아야 할 정도였다. 윗슨은 아무런 특기도 없고, 자신 있는 것도 없이 그저 하루하루를 살아갈 뿐이었다.

그런데 단 한 번의 비행 교습이 그의 인생을 송두리째 바꿔 놓았다. 그는 첫 비행에 성공한 이후 자신감을 얻어 미친 듯이 기술을 연마해 조종사가 되었고, 장교로 제2차 세계대전에 참전했다. 그리고 그는 제대 후 IBM을 키워 거대한 컴퓨터 제국을 건설했다. 그는 결코 비상한 능력을 가진 사람이 아니었지만 결정적인 하나의 경험을 통해 자신의 가능성을 발견했다.

당신의 인생에서 가장 성취감을 느꼈던 사건은 무엇인가? 이 성취감을 바탕으로 당신만을 위한 성공 주문을 만들어 보라. "OO을 한 사람이라면, □□도 할 수 있다!" 이 마법과도 같은 한 문장을 통해 당신은 삶의 모든 영역에서 성취의 가능성을 발견하게 될 것이다.

다이어트도 마찬가지다. 이 책이 말하는 바를 충분히 이해하고 행동으로 옮겨 다이어트에 성공했다면, 당신은 무엇이든 할 수 있는 자신감을 가질 수 있다. 애드나와 윗슨의 경우처럼 말이다. 우리는 작은 승리를 반복적으로 체험하면 자신감이 생긴다. 삶은 작은 요소들의 집합체이다. 작은 일들을 성취하면 인생 전반의 다른 이슈들에 있어서도 자신감이 생길 것이다. 지금 바로 작은 일부터 시작하라.

보이는 것을 믿는다 VS 믿는 것을 본다

사람은 누구나 성공을 원한다. 누구나 원하는 성공의 지혜는 "믿음으로 산을 옮길 수 있다"는 성서의 한 구절에서도 발견할 수 있다. "나는 할 수 있다"는 긍정적인 마음가짐은 목표를 성취하는데 필요한 힘, 기술, 에너지를 생산한다. 다시 말해 "나는 할 수 있다"라고 말하며 성공을 믿는다면 성공의 방법은 자연히 개발되는 것이다.

이는 우리가 정확한 목표를 설정하기만 하면 그 목표를 달성할 수 있도록 자동적인 성공 메커니즘이 작동된다는 맥스웰 몰츠 박사의 '사이코 사이버네틱스'와도 일맥상통한다. 성형외과 의사로 출발해 세계적인 심리학자이자 동기부여가로 알려진 맥스웰 몰츠 박사는 '사이코 사이버네틱스'를 이렇게 설명한다.

야구 경기에서 중견수가 높이 뜬공을 재빠르게 잡는 장면보다 더 멋진 광경이 있을까?

공이 어디에 떨어지고 교차 지점이 어디인지 계산하기 위해 중견수는 공의 속도와 하강 곡선, 바람, 초기 속도 그리고 점진적인 속도의 감소율 등을 고려해야 한다.

또한 그는 공이 떨어지기 전이나 아니면 동시에 목표 지점에 도달하기 위해 방향을 정해야 한다. 하지만 그는 자신의 행동에 대해서 생각조차 하지 않는다. 그의 목표 추적 메커니즘은 눈과 귀를 통해 수집한 데이터로부터 그 거리를 계산한다. 두뇌 속의 컴퓨터는 이러한 정보를 받아들이고 그것이 저장된 데이터, 곧 공을 잡았을 때의 성공과 실패에 대한 기억을 비교한다. 필요한 모든 계산은 순식간에 이루어지고 다리에 명령을 내려서 그가 달릴 수 있도록 한다. 그리고 그는 마침내 정확한 낙하점을 포착해 공을 잡는다.

야구 경기에서 중견수가 높이 뜬공을 목표로 하는 것처럼, 우리 인간은 자신이 목표로 하는 것을 정확히 인식하기만 하면 그것이 무엇이든지 자동 성공 메커니즘의 작동으로 말미암아 원하는 바를 이룰 수 있다는 것이다. 사실 위의 중견수가 높이 뜬공을 재빠르게 잡는 동작은 언뜻 보기에는 아주 간단하게 보이지만, 만약 이를 로봇에게 시킨다면 생각보다 훨씬 힘든 동작이다. 날아오는 공의 속도와 회전 그리고 공의 방향은 물론 풍향까지도 순간적으로 판단해 공이 떨어지는 지점에 먼저 가 있어야 하기 때문이다. 이 동작을 로봇에게 숙달시키려면 아주 복잡한 다원 방정식을 가진 고성능 컴퓨터로 빠르게 계산하면서 움직이게 해야 한다.

최첨단 전자기기나 컴퓨터보다 정교한 인간의 두뇌는 자신이 목표로 한 바를 실현하기 위해 아주 놀랄만한 힘을 발휘한다. 물론 반드시 목표를 이룰 수 있다는 믿음이 절대적인 영향을 미친다. 전설적인 복서, 무하마드 알리는 "확인이 거듭되면 믿음이 생기고, 믿음이 신념이 되면 뜻한 바를 이룰 수 있다"고 했다.

비록 지금까지 숱하게 다이어트를 시도했다가 번번이 실패했다 하더라도 그것은 과거일 뿐이다. 이제부터 다이어트를 통해 이루고자 하는 꿈을 꾸고, 흔들리지 않는 자존감과 무엇이든 할 수 있다고 믿는 확고한 자신감으로 작은 목표부터 하나씩 달성해 나간다면 당신도 성공할 수 있다. 지금 당장 시작하라. 아직 성공의 확신이 서지 않는다면 성공할 수 있다는 근거 내지는 증거를 찾을 수 없다면, 반대로 물어보라. 당신이 성공할 수 없다는 증거 또한 어디 있는가? 믿음은 증거에 앞선다.

나는 보이는 것만 믿는다.

내가 믿는 바로 그것을 보게 될 것이다.

당신은 어느 쪽인가?

긍정 확언과 시각화로 제한적 신념 극복하기

나는 내가 원하는 것은 무엇이든 이룰 수 있다.

모든 기회가 내게 열려 있다.

나의 내면의 지혜는 항상 나를 올바른 곳으로 인도한다.

나의 꿈은 완벽한 타이밍에 이루어진다.

나의 삶은 나의 존재보다 훨씬 더 크다.

나는 나라는 존재의 순수한 의도를 실현하기 위해 이곳에 왔으며,

그것은 무한하다.

나는 매 순간 나만의 잠재력과 탁월성을 발휘하며 살고 있다.

제한적인 신념을 극복하는 방법은 강력한 긍정 확언을 만드는 것이다. 먼저 신용카드 크기의 두꺼운 종이를 구한 다음 간결한 필체로 위와 같은 문장을 써라. 이제 이 확언을 큰 소리로 세 번 읽어라. 긍정 확언의 치유 효과는 양자의학에서 이미 입증되었다. 양자의학에서는 환자가 스스로에게 치유에 관한 말을 전달함으로써 육체의 질병을 치료할 수 있음을 밝혀냈다. 미국의 내과의사 디팩 초프라는 폐암 환자에게 하루에 4~5차례 눈을

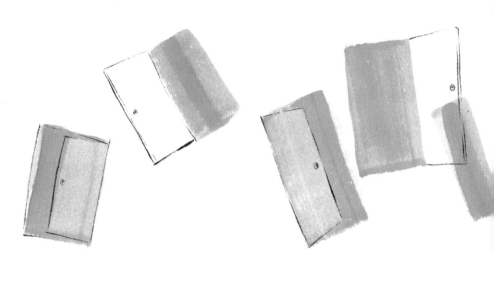

감고 앉아서 5분 동안 자신에게 "나는 낫는다, 완전히 낫는다"라고 반복하도록 했다. 그러자 3년 후 폐암이 흔적도 없이 말끔히 사라져 버렸다고 한다. 19세기 프랑스의 에밀 쿠에라는 약사도 다른 어떠한 치료도 하지 않고 오로지 "날이 갈수록 나는 모든 면에서 점점 좋아지고 있다"라는 말을 하루 스무 번씩 두 차례 실행하게 함으로써 류마티스, 두통, 천식, 수족 마비, 말더듬증, 결핵, 종양, 암 등을 치료할 수 있었다고 한다. 이것은 앞서 언급한 자존감 일기를 쓴 후 바로 이어서 할 수도 있다. 그리고 읽을 때마다 다음과 같이 시각화한다.

양쪽에 많은 문들이 있는 긴 복도를 걸어가고 있다고 생각해 보라.
대학의 강의실이나 호텔의 복도를 생각하면 쉬울 것이다.
각각의 문에는 자신감, 성취, 성장, 충만함, 사랑, 희망, 환희, 열정, 기쁨

등과 같은 긍정적인 단어들이 적힌 팻말이 붙어 있다. 각각의 문을 지날 때마다 문이 활짝 열리고 반짝이는 세계가 펼쳐지는 것을 보아라. 이 훈련 은 처음에는 다소 생소하지만 금세 적응될 것이다. 시각화가 강력한 효과 를 발휘한다는 사실은 이미 과학적으로 증명되었다. 호주의 심리학자 알 란 리차드슨의 실험이 이를 말해준다. 그는 농구 선수들을 세 그룹으로 나누어 A그룹은 실제로 자유투를 연습시키고, B그룹은 아무런 연습을 하지 않았고, C그룹은 시각화 기법으로 자유투를 연습하게 했다. 그 결과 A그룹은 24%의 실력 향상을 보였고, C그룹은 23%의 실력 향상을 보임 으로써 시각화 기법의 효과가 입증되었다.

긍정 확언과 시각화 작업은 언제 어디서나 할 수 있다. 시간이 날 때마 다 카드를 꺼내서 보고 읽어라. 그 확언은 여러분 인생의 한 부분이 될 것 이며, 당신이 진정으로 원하는 것에 집중할 수 있게 해줄 것이다.

스트레스는 다이어트의 적이다

한순간 66사이즈에서 44사이즈로 변하는 마법이 있다면, 당신은 어떻게 하겠는가? 특히 여성들은 괴테의 『파우스트』에 등장하는 파우스트 박사처럼 영혼이라도 팔 수 있을 정도로 몸매에 대해 과도한 스트레스를 받고 있다. 오죽하면 못생긴 건 용서해도 뚱뚱한 건 용서 못한다는 말이 있겠는가?

사람들은 어느 정도의 부정적인 감정에 사로잡혀 살아간다. 부정적 감정이라고 하면 가장 먼저 떠오르는 것 중의 하나가 스트레스다. 현대인들

은 누구나 크고 작은 스트레스에 시달리고 있다. 진학이나 취업 문제를 비롯해 이성 친구 문제, 경제적인 문제, 대인 관계 문제, 건강 문제 등 스트레스는 어디에나 자리 잡고 있다. 물론 적당한 스트레스는 생활의 활력소가 되며 건강에 유익함을 주기도 하지만, 과도한 스트레스는 삶의 질을 떨어뜨린다.

이제 과도한 스트레스와 걱정, 분노, 상실, 좌절, 외로움, 슬픔 등의 부정적 감정들이 다이어트에 어떤 영향을 미치며, 이것들을 어떻게 잘 처리하고 효과적으로 제거할 수 있는지 자세히 살펴보자.

식탐을 유발하는 부정 에너지

여자는 실연을 하면 그 스트레스를 해소하기 위해 과식을 한다. 반대로 남자는 잘 먹을 수 없게 되는 것이 보통이다.

남자는 먹어도 스트레스가 해소 되지 않지만, 여자는 먹는 것으로 스트레스를 해소하기 때문이다. 이것은 여자에게 있어서 먹는 것이 얼마나 감정과 깊게 연결되어 있는가 하는 방증인지도 모른다. 만약 사귀는 여자 혹

은 아내가 평소와 달리 마구 먹기 시작한다면 당신에게 불만을 갖기 시작했다는 위험 신호인지도 모른다. 가만히 그녀가 하는 얘기를 잘 경청하는 것이 좋을 것 같다. 스트레스가 피하지방으로 변하기 전에 말이다.

신경내과 전문의인 요네야마 기미히로는 여성이 남성에 비해 먹는 것으로 스트레스를 푸는 경향이 있다고 말한다. 이는 통계적으로도 증명된 사실인데 그의 저서 『남자는 죽어도 알 수 없는 여자의 마음』에도 언급되어 있다.

우리는 생리적인 허기를 제외하고는 대개 스트레스를 느낄 때 음식을 찾는다. 이는 인간의 본능에 가까운 충동으로부터 기인하는데, 생리적으로 그럴만한 이유가 있다. 음식이 뇌의 천연 화학물질에 영향을 끼쳐 기분이나 정신을 안정시키는 효과가 있다는 것은 영양학계에서는 이미 정설로 인정된 사실이다.

감정적 과식이란 자신이 의식하지는 못하지만 어떤 감정적인 이유로 '식욕'이 느껴져 음식을 과도하게 먹는 현상이다. 간단히 말해 '식탐'이라고 할 수 있는데, 이 '식탐'은 생리적으로 음식이 필요해 배고픔을 느끼는 상태인 '허기'와는 다르다.

스트레스가 다이어트에 직접적인 영향을 미친다는 연구 결과도 있다. 미국 유타대학 영양학교수 숀 탤보트 박사는 그의 저서 『스트레스가 살찌게 하는 이유』에서 스트레스를 많이 받으면 스트레스 호르몬인 코르티솔

이 과도하게 분비돼 식욕이 촉진되며, 이는 결국 체중 증가를 가져온다고 역설한 바 있다.

사실 우리가 가지고 있는 습관은 내면의 욕구를 담고 있다. 그 욕구는 생각이나 감정과 깊은 관련이 있다. 우리 안에 있는 무엇인가가 부지불식간에 그런 행동을 하도록 만들고, 그런 행동이 하나둘 모여 습관이 되는 것이다. 우리는 얼마나 자주 "다시는 먹지 않을 거야!"라고 외치는가? 하지만 곧바로 초콜릿 케이크를 먹고 콜라를 마신다. 아무리 참으려고 해도 어느 순간 먹고 마시고 싶은 충동을 주체할 수가 없다. 애를 쓴다고 참아지는 것이 아니다. 근본적으로 의지력이나 자제력으로 해결될 수 있는 문제가 아닌 것이다. 이로부터 완전히 벗어나기 위해서는 이와 같은 식탐을 유발케 하는 근원인 '숨겨진 동기'를 찾아 해소시켜야만 한다.

숨겨진 동기는 앞서 언급한 각종 스트레스 및 일련의 부정적 감정들이다. 여기에는 살을 빼야만 한다는 다이어트 자체에 대한 스트레스도 물론 포함된다.

두근거림에 출발점을 두라

어느 날 문득 왠지 모를 공허감에 휩싸인 적이 있는가? 까닭 모를 두려움이나 무언가 놓친 듯한 느낌을 경험한 적이 있는가? 사는 게 재미없고 매사에 무기력감을 느낀 적이 있는가? 이는 내가 진정한 나로 살고 있지 못함을 나타내는 징후다. 이런 공허감이나 두려움, 무기력은 가장 근원적이고 부정적인 감정이다. 이는 우리가 살면서 겪는 다른 어떤 스트레스에 비할 수 없을 정도로 크고 그 뿌리가 깊다. 결국 이런 원초적인 스트레스는 무얼 하더라도 늘 뭔가 부족하거나 결핍된 느낌을 유발한다. 더구나 2% 부족한 느낌이 드는 근원적이고 부정적인 감정은 대체 왜 이런 느낌이 드는지 알아차리지 못하는 경우가 많다. 만약 이런 느낌이 든다면 당신은 어떤 삶을 살아야겠다는 비전이나 사명감 없이 생계를 위해 혹은 남들에게 보여주기 위해 살아가고 있는 것을 의미한다. 즉 자기실현(Self-realization)의 삶을 살고 있지 않은 것이다. 자기실현은 애브라함 매슬로우의 인간 욕구 5단계 중 가장 마지막에 있는 단계로써 존재 그대로의 잠재력과 재능을 온전히 실현하는 것이다. 자신의 소명대로 사는 것 혹은 사명을 달성하는 것을 의미한다.

그런데 여기서 한 가지 주목할 만한 사실은 인간 욕구의 5단계를 크게 두 가지로 구분할 수 있다는 점이다. 생리적 욕구, 안전의 욕구, 사랑과 소속의 욕구, 자존심의 욕구까지의 4단계와 마지막 5단계인 자기실현으로 구분 짓는 기준이 있다는 것이다. 4단계 이하까지는 '결핍'으로부터 비롯된 욕구이며, 자기실현의 5단계는 '존재' 그 자체의 실현에 대한 욕구이다. 전자에 있어서의 욕구는 그것이 생리적이든, 안전과 관련된 것이든, 자존심을 지키고 싶은 것이든, 무엇인가 충족되지 않은 결핍으로부터 비롯된다. 반면 후자의 욕구는 자신이 되고자 하는 어떤 존재에 대한 욕구이므로 상당한 질적 차이가 있다.

이것이 의미하는 바는 4단계 아래에 머물러 있는 사람은 결핍으로부터 비롯된 원초적인 욕구로 인해 늘 근원적인 스트레스를 받는다는 것이다.

반면 자기실현 단계에 있는 사람은 결코 불안이나 상실감 등과 같은 결핍의 감정이 내면에 존재하지 않는다. 오로지 성장에 대한 건강한 열망만 있기 때문에 위와 같은 근원적인 스트레스가 애초부터 존재하지 않는다.

4단계 아래에 머물러 있는 사람에 대해 좀더 자세히 알아보자.

그들은 부와 명예 등의 사회적 지위나 일의 성공 여부와는 상관없이 인생 전반에 걸쳐 어떤 방식으로든 스트레스를 받는다. 왜냐하면 세상 사람들이 생각하는 사회적 성공이 곧 자기 자신의 존재감 그대로 살아가는 것은 아니기 때문이다. 이 단계에 있는 사람들은 늘 근원적인 스트레스를 해소하고자 하며, 그 방법 중 하나로 음식을 선택할 가능성이 높다. 스트레스로 인해 감정적인 과식을 하게 될 수 있다는 뜻이다. 그러나 자기 존재감대로 살아간다면 '나'로 살지 못하는 근원적인 스트레스로부터 자유로울 수 있으며, 결핍이나 불안으로 인한 감정적 과식도 원천 봉쇄할 수 있다. 자기실현의 삶을 영위할 때야말로 다람쥐 쳇바퀴 돌듯 지나가는 일상도 마침내 축제가 된다.

그대는 그대가 진정 원하는 가슴 뛰는 삶을 살고 있는가? 바로 이 일을 하려고 세상에 태어났구나! 하고 느끼고 있는가? 그런 삶을 살 때, 항상 새벽이 나를 깨우며 늘 뿌듯한 마음으로 잠을 청할 수 있을 것이다. 『물은 답을 알고 있다』의 저자 에모토 마사루도 그의 두 번째 저서에서 이와 관련해 다음과 같이 역설하고 있다.

"영혼이 바라는 대로 하고 싶은 것을 찾기 시작할 때, 당신의 인생은 다시 흐르기 시작한다. 일에서도, 놀이에서도, 연애에서도 두근거리는 기분에 그 출발점을 두어야 한다. 지금까지 그렇지 못한 사람은 분명히 인생이 달라질 것이다. 우선 몸에 활기가 넘치고 건강해진다. 두근거리는 기분은 몸의 대부분을 차지하는 물을 깨끗하게 바꿔주기 때문이다. 그 결정을 찍어보면 분명히 아름다운 모습으로 나타날 것이다."

그러면 어떻게 자기 존재감 그대로 살아가고 자신이 진정 원하는 것을 찾을 수 있을까? 사실 이 부분은 책 한 권으로도 부족할 만한 주제이긴 하지만, 이 책의 테마 중 한 부분이므로 잠깐 소개하고자 한다.

당신은 누구인가?
당신은 왜 이 지구별에 왔는가?
삶이란 무엇이라고 생각하는가?

이 세 가지 질문에 대해 5~10분 정도 책을 덮고 잠깐 생각해 보라. 이 질문은 인류가 수천 년 동안 답을 찾으려고 한 질문이다. 답을 구한다는 건 곧 자신의 내면으로 들어간다는 것을 의미한다. 우리의 내면에는 우리를 완전한 존재로 인도하는 어떤 강력한 힘이 존재한다. 그 힘이 우리가 원하는 것을 이룰 수 있게 만든다. 먼저 그 힘의 가능성을 믿고 당신의 내면으로 들어가 보라. 이제 다음 질문에 답해보자.

만일 내일 아침에 일어났을 때, 기적이 일어나 당신이 원하는 것을 이룰 수 있게 된다면 그것은 무엇인가? 그리고 그것이 당신에게 왜 중요하며, 어떤 의미를 가지는가?

이 질문을 코칭에서는 '기적질문'이라고 한다. 다소 어리둥절한 질문에 답을 생각해 봄으로써, 의식이 아닌 무의식 속에 숨겨져 있는 자신의 꿈을 발견할 수 있다. 5~10분 정도 잠깐 생각해 보라. 자신이 진정 원하는 것을 찾는데는 다음의 질문도 유용하다.

과거에 하고 싶다고 느꼈던 일 중에서 지금도 여전히 내 마음에 남아 있으며 하고 싶은 충동을 일으키는 일은 무엇인가? 다시 말해 내가 어려서부터 좋아하고 기뻐했지만 언제부터인가 하지 못하고 있는 일은 무엇인가?

그 일이 떠올랐다면, 자신이 진정으로 원하는 것인지 아닌지 살펴봐야 한다. 다음의 가이드라인을 참조하여 질문에 답해보라.

그것을 하는 상상만으로도 흥분되고 즐거워지는가?

어쩌다 생각날 때 이루어졌으면 하는 일인가? 아니면 늘 가슴속에 있는 일인가?

잠자는 시간을 제외한 모든 시간을 바쳐 평생 동안 즐거운 마음으로 기꺼이 하고 싶은 일인가?

내가 가진 모든 것을 걸고 진정 이루고 싶은 것인가? 그리고 그 이유를 자기 스스로 납득할 수 있도록 명쾌하게 말할 수 있는가?

그 누구에게도 인정받지 못하는 일이라도 당신은 그 일을 여전히 하고 싶은가?

만일 다시 태어난다고 해도 기꺼이 하고 싶은 일인가?

모든 상황이 '그만두라고' 권하더라도 포기하지 않을 만큼 열정이 있는 일인가?

그 일을 생각할 때, 그 일과 나와의 100% 일체감, 100% 욕구와 흥미 그리고 100% 에너지를 불러일으키는가? 1%라도 부족하면, 그 일은 자신이 진정 원하는 일이 아닐 가능성이 있다. 계속 찾아보라. 완벽하게 당신과 공명되는 일을 찾을 때까지.

EFT와 CORE기법

우리는 살아가면서 행복이나 기쁨과 같은 긍정적인 감정을 느낄 수도 있으며 불안, 분노 등과 같은 부정적인 감정을 느낄 수도 있다. 그러나 우리 마음속 가장 깊은 단계에서의 감정은 오직 두 가지 뿐이다. 사랑과 두려움이 바로 그것이다. 다음은 엘리자베스 퀴블러 로스와 데이비드 케슬러의 저서 『인생수업』 중 한 부분이다.

"우리는 삶에서 많은 것들을 두려워합니다. 대중 앞에서 연설하는 것이나 데이트 신청, 때로는 자신의 외로움을 인정하는 것조차 두려워합니다. 거부당해서 밑바닥의 감정을 겪는 것보다는 아예 시도하지 않는 편이 더 쉬울 때도 많습니다. 사실 두려움은 매우 다루기 힘든 감정입니다. 옷을 여러 벌 겹쳐 입고 자신의 실체를 너무도 잘 숨기고 있기 때문입니다. 그것들을 한 겹씩 벗겨 내야 다른 모든 두려움의 근원인 두려움의 실체와 만날수 있습니다. 그것은 대개 죽음에 대한 두려움입니다. 당신이 새로 맡은 프로젝트 때문에 몹시 걱정하고 있다고 가정해 봅시다. 당신의 걱정 맨 위에 있는 두려움의 껍데기를 벗겨 내면 그 프로젝트를 잘해내지 못할까봐 두려워하는 심리가 자리 잡고 있습니다. 그 밑으로도 여러 층의 두려움이 쌓여 있습니다. 월급이 인상되지 않을 거라는 두려움, 직장을 잃을지도 모른다는 두려움 그리고 마지막으로는 생존하지 못하리라는 두려움 등이 그것입니다. 이 마지막 두려움은 본질적으로 죽음에 대한 두려움입니다. 돈이나 직업에 관한 두려움 밑에는 생존에 실패할지도 모른다는 두려움이 깔려 있습니다."

두려움이란 일종의 부재 상태이다. 두려움은 어둠과 같다. 어둠은 실제 존재하는 것이 아니며 빛의 부재에 지나지 않는다. 하지만 빛은 정말 존재한다. 빛을 제거하면 그때 어둠이 생긴다. 반면 어둠은 존재하지 않는다. 그렇기에 어둠은 없앨 수 있는 성질의 것이 아니다. 어떠한 시도를 해도 어둠은 사라지지 않는다. 애초부터 실체가 없는 이 두려움은 근거 없는 상상일 뿐이며, 어둠이 빛의 부재 상태이듯 두려움은 사랑의 부재 상태다. 사실상 오직 사랑만이 있을 뿐이다.

두려움의 영어 표현인 'FEAR'는 'False Evidence Appearing Real'로 실제처럼 보이는 거짓 증거를 뜻한다. 두려움은 우리가 꾸며낸 환상임에도 불구하고 거의 대부분의 사람들은 두려움에 뿌리를 둔 각종 부정적인 감정들에 휩싸여 살아간다. 그러나 두려움은 어디까지나 환상이므로 우리는 얼마든지 이 환상에서 벗어날 수 있다. 다만 지금까지 벗어나는 방법을 몰랐을 뿐이다. 그러면 그 방법은 무엇일까? 우리는 사랑과 두려움 이 두 가지 감정을 동시에 느낄 수는 없다. 사랑을 느끼는 동시에 두려움을 느낄 수는 없는 것이다. 왜냐하면 이 두 가지 감정은 서로 상반되는 감정이기 때문이다. 다시 엘리자베스 퀴블러 로스와 데이비드 케슬러의 말을 들어보자.

"두려움이 있는 곳에 사랑이 설 자리는 없습니다. 사랑이 있는 곳에 두려움이 차지할 공간은 없습니다. 사랑을 하면서 동시에 두려웠던 적이 있습니까? 그것은 불가능합니다.

우리가 만들어 낸 두려움은 과거나 미래 중 어느 하나와 연관되어 있습니다. 사랑만이 현재의 감정입니다. 실제로 존재하는 유일한 순간은 지금 이 순간뿐이며, 사랑만이 유일하게 실재하는 감정입니다. 현재 일어나는 감정은 사랑뿐이기 때문입니다.

두려움은 항상 과거에 일어난 어떤 경험이나 일에 근거를 두고 있으며, 미래에 일어날지도 모를 일들을 걱정하게 만듭니다. 그러므로 현재를 산다는 것은 두려움이 아닌 사랑 속에서 살아가는 것입니다. 사랑 안에서 사는 것, 그것이 인간의 목표입니다."

사랑은 밖에서 얻는 것이 아니다. 우리 내면에서 가득 차서 바깥으로 방사되어야 한다. 문제는 두려움으로부터 온 부정적 감정들이 이렇게 분출되는 사랑의 빛을 방해한다는 것이다. 우리는 두려움에서 벗어날 때 스스로를 사랑으로 채울 수 있으며 감정적 과식으로부터 완전히 벗어날 수 있다.

부정적 감정을 해소하는 방법 1

EFT(Emotinal Freedom Technique)

EFT(Emotional Freedom Technique)는 부정적 감정을 해소하는 가장 탁월한 기법 중 하나다. 감정자유기법 혹은 부정적 감정치유법, 정서적 자유기법 등으로 불린다.

EFT는 우리가 과거에 경험한 온갖 부정적인 기억으로부터 야기된 부정적 감정이나 제한된 신념, 일상의 스트레스 등을 효과적으로 해소해 줌으로써, 감정적 과식의 원인을 근원적으로 제거하는 유용한 툴이다.

EFT는 침을 사용하지 않는 침술이다. 손가락으로 경락을 두드려 생긴 에너지를 언어와 함께 사용해 무의식이 치료 과정에 동참하게 한다. 이 치료법은 인체의 자연치유력과 잠재력을 극대화해 기적과 같은 효과를 발휘한다. 부정적 기억과 증상을 억압하는 대신, 교란된 신체 에너지 시스템을 바로잡아 과거의 상처, 현재의 집착, 미래의 불안으로부터 몸과 마음을 해방시키는 EFT는 무엇보다 치유 과정 자체가 매우 쉽고, 간단하며, 별도의 다른 도구가 필요하지 않아 누구나 배울 수 있다.

EFT는 미국 스탠포드 대학교 공학도 출신인 개리 크레이그에 의해 개발되었으며, 현재 전 세계에서 가장 사랑 받는 에너지 테라피 기법 중 하나이다. 2009년 5월 현재 영문 매뉴얼의 다운 회수는 1,156,000회를 상회하고 있다. 전 세계에서 최소한 천만 명의 사람들이 이 요법을 사용하고 있는 것이다. EFT

는 크레이그가 에너지 테라피의 하나인 TFT(Thought Field Therapy, 사고 장요법)를 바탕으로 좀더 개선하고 업그레이드한 기법이다.

EFT는 미국에서는 운동선수나 영화배우, 뮤지션들이 무대나 경기장에서 긴장을 풀고 자신의 능력을 발휘하게 하는 기법으로 널리 퍼지게 되었는데, 특히 2001년 9.11 테러 후 미국에 만연한 공포증, 우울증을 집단 치료하는데 탁월한 효과를 보인 것으로 알려졌다.

EFT의 원리는 다음과 같다. 인체는 외부와 내부의 상황에 대한 정보를 눈과 귀와 같은 감각기관을 통해서 전기화학 신호로 바꾼다. 그리고 신경을 통해 이 신호를 뇌로 전달한다. 또한 뇌에서도 신경망을 통해 근육과 내장 기관들에 명령을 보낸다. 이렇게 인체는 미세한 전류의 흐름이 모든 곳에 퍼지게 된다. 한의학에서는 이러한 전기적 에너지 형태를 포함한 모든 에너지 현상을 기라고 부른다. 이 기가 인체 모든 곳과 연결되어 흘러가는 길을 경락이라고 하는데, 이 경락은 온몸을 순환하는 에너지 시스템이라고 할 수 있다. EFT는 이 경락에 위치하는 경혈들을 손가락으로 두드려 전위차를 발생시킴으로써 에너지의 혼란을 제거하고 감정적 문제를 해결한다.

EFT 활용 방법

: : 두드리는 타점의 위치 : :

가슴압통점 흉골 위 오목한 부분에서 아래로 7.5
센티미터 내려가고 옆으로 7.5센티
미터 벗어난 좌우 두 지점(간단하게
는 양 유두 위의 가슴 부분을 넓게 만
져서 아픔을 느끼는 지점) ●

눈썹 눈썹의 안쪽 끝 ●

눈 옆 눈가 바깥쪽 ●

눈 밑 눈 아래 2.5센티미터 지점 ●

코 밑 코와 입술 중간 지점 ●

입술 아래 아랫입술과 턱의 중간 지점 ●

쇄골 흉골 위 오목한 부분 아래로 2.5센티미터,
다시 양쪽으로 2.5센티미터 벗어난 지점 ●

겨드랑이 아래 옆구리 가운데를 지나는 가상의
수직선이 유두를 지나는 수평선
과 만나는 지점 ●

명치 옆 유두 아래 2.5센티미터 부위 ●

엄지 엄지손톱의 바깥쪽 모서리 ●

검지 검지손톱의 엄지쪽 모서리 ●

중지 중지손톱의 엄지쪽 모서리 ●

소지 소지손톱의 엄지쪽 모서리 ●

손날 손바닥을 폈을 때, 새끼 손가락 끝에서 손
목에 이르는 부분 ●

손등점 약지와 소지가 만나는 부위에서 1센티미
터 안쪽 지점 ●

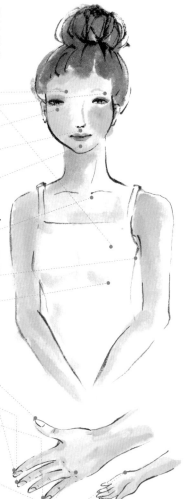

문제확인

EFT를 통해 치유하고 싶은 증상을 확인한다.

주관적 고통지수 측정(SUD)

현재 느끼는 고통을 0~10 사이의 SUD(Subjective Units of Distress)수치로 측정한다. 아무 느낌도 없고 편안한 상태면 0이 되고, 도저히 감당하기 힘들 정도면 10이 된다. 이 수치를 기록한 다음 EFT를 적용한 후에 어떻게 바뀌는지 확인하도록 하자.

준비단계

준비단계는 뒷부분에서도 설명하겠지만 심리적 역전 해소 단계로써, '수용확언'을 말하는 단계다. '수용확언'이란 자신이나 자신이 처한 상황을 받아들이는 말 혹은 어구를 뜻한다.

자존감을 높일 수 있는 방법 중 '자존감 일기 쓰기'를 기억하는가? 그날의 아쉬웠던 점을 긍정적인 '자기암시문'으로 표현하는 부분이 있다. "비록 나는 OO지만, 나 자신을 온전히 받아들이고, 깊이 사랑합니다"라는 문구가 그것이다. 사실 이 문구에서 '자기암시문'은 EFT의 수용확언에서 빌려 온 것이다. 지금부터 소개하는 타점들을 함께 두드리면서 수용확언을 하면 더욱 큰 효과를 볼 수 있다.

먼저 다루고자 하는 문제를 간단하게 표현할 수 있는 '연상어구'로 준비하고, 가슴 위쪽의 압통점(아린 부위 sore spot)을 찾아 문지르거나, 혹은 손날점을 검지와 중지로 가볍게 톡톡 두드리며 다음의 문장에 연상어구를 삽입해 3회 선언한다.

"비록 나는 잠을 잘 못자서 왼쪽 어깨가 뻐근하지만 나 자신을 온전히 받아들이며 깊이 사랑합니다."

연속 두드리기

연상어구를 말하면서 다음의 타점을 검지와 중지 두 손가락으로 7회 정도 두드린다. 여기서 연상어구란 문장의 핵심 어구를 말하는 것이다. 즉 윗 문장의 경우 연상어구는 '왼쪽 어깨의 뻐근함'이 된다.

머리 5타점 · 눈썹 안쪽 끝

· 눈가

· 눈 밑(동공이 위치한 부분이므로 살살 두드려야 함)

· 코 밑(입술을 말아서 두드리면 효과적임)

· 입술 아래

몸통 3타점 · 쇄골 밑(목에서 가슴으로 이어지는 부위의 움푹 들어간 곳에서 밑으로 2.5센티미터 좌우로 2.5센티미터 부위)

· 겨드랑이 10센티미터 아래(유두에서 수평으로 옆구리와 만나는 곳)

· 그림에는 없지만, 명치 옆(유두에서 2.5센티미터 아래 부위, 여자들의 경우 브래지어 하단 가장자리가 가슴과 만나는 부분)

손 5타점 · 엄지(엄지 손톱의 바깥 쪽 모서리)

· 검지(검지 손톱의 엄지 쪽 모서리)

· 중지(중지 손톱의 엄지 쪽 모서리)

· 소지(소지 손톱의 엄지 쪽 모서리)

· 손날(태권도에서 손날로 격파할 때 격파 대상에 손이 닿는 지점)

손등 두드리기와 뇌조율 과정

손등점을 계속 두드리면서 다음의 동작을 한다. 이 동작은 다소 낯설게 느껴질 수도 있지만, EMDR(Eye Movement Decentralization & Reprocessing, 안구 운동 감각 저하 및 재처리요법)의 안구 운동을 응용한 것으로, 좌뇌와 우뇌를 서로 조화롭게 해준다.

1. 눈을 감는다. 눈을 뜬다.
2. 머리를 움직이지 않은 채 눈동자만 움직여서 최대한 오른쪽 아래를 본다.
3. 머리를 움직이지 않은 채 눈동자만 움직여서 최대한 왼쪽 아래를 본다.
4. 머리를 움직이지 않은 채 눈동자를 시계방향으로 돌린다.
5. 머리를 움직이지 않은 채 눈동자를 반 시계 방향으로 돌린다.
6. 약 2초간 콧노래를 한다.
7. 1에서 5까지 숫자를 빠르게 센다.
8. 약 2초간 콧노래를 한다.

연속 두드리기 반복

앞의 연속 두드리기를 다시 한 번 반복한다.

: : 단축과정 : :

위의 기본 과정에서 몇몇 부분을 생략한 것이 단축과정이다. 기본 과정도 몇 분밖에 걸리지 않지만, 편의상 몇 부분을 생략해도 거의 같은 효과가 나기 때문에 실제로는 이 단축과정을 많이 사용한다.

1. 증상확인 하기 : EFT를 통해 치유하고 싶은 증상을 확인한다. 이 부분은 동일하다.

2. 주관적 고통지수 측정하기 : 이 부분도 동일하다.

3. 수용확언 말하기
   "나는 비록 OO하지만, 나 자신을 온전히 받아들이고 깊이 사랑합니다."

4. 연속 두드리기를 두 번 반복하기
   연상어구를 반복하며 다음의 타점을 각각 5~7회씩 두드린다. (눈썹, 눈 옆, 눈 밑, 입술 아래, 쇄골, 겨드랑이 아래) 기본 과정과 비교하면 명치 옆과 손가락 타점들이 제외된다. 또한 뇌조율 과정도 생각한다.

5. 고통지수를 다시 평가하고 단축과정 반복하기

대부분의 경우, 단축과정을 사용해도 좋은 효과가 난다. 단축과정을 통해 잘 해결이 되지 않는다면, 문제를 더 구체적으로 살펴보거나 과정을 몇 번 더 반복해야 한다. 만약 변화가 없다면 기본과정을 사용해 보라.

사례를 통한 EFT 적용 방법

: : 사례 1 : :

59세의 마이클은 비만 때문에 당뇨병 등의 통증이 심각한 상태였다. 2001년에 당뇨병을 진단 받았으며 하루 세 번 인슐린 주사를 맞는다. 혈당치는 보통 400이다. 단 것과 탄산음료에 중독되어 하루 5~6리터를 마신다. 당뇨로 인해 혼수상태에 빠져 17일간 입원하기도 했었다.

마이클은 소년이었을 때 단 것을 많이 먹지 말라고 자주 혼이 났다. 그의 숙모는 할머니처럼 당뇨가 될 거라고 말을 하곤 했다. 그의 단 것에 대한 중독성은 커지기 시작했다. 아이일 때는 부모가 어느 정도 저지할 수 있었지만 그가 성장하고 결혼한 후 부모와 떨어지자 중독 증세는 더욱 심해졌다. 그와 함께 우리가 해결해야 했던 문제들은 아래와 같았다.

그를 화나게 한 숙모 용서하기

셋업(EFT 수용확언을 말함)은 "숙모는 내가 당뇨가 걸릴 것이라고 말했지만, 나는 마음 깊이 진심으로 그녀를 용서합니다", 연상어구는 '숙모에 대한 용서'였으며 한 번 시행한 후 분노 강도가 8에서 5로 떨어졌다. 하지만 두 번째 시행에서는 변화가 없었다. 그래서 이번에는 "나는 숙모에게 화가 나지만, 마음 깊이 완전히 그녀를 용서합니다"로 바꾸었다. 두드리기를 할 때는 "화가 남"을 크게 외치게 했다. 이렇게 하자 분노 강도는 0으로 떨어졌고 문제는 해결되었다.

단 것 중독 해결

다음 과제는 중독 증세였다. 우리는 마이클에게 한 잔의 탄산음료와 초콜릿 하나를 주었다. 이때 중독 강도는 10 이상이었다. 셋업은 "나는 이것에 너무 끌리지만, 나를 용서합니다"이었고 두드리기를 하자 7~8로 떨어졌다. 이어서 '남아있는 끌림'이라고 하며 두드렸지만 변화가 없었다. 그래서 "나는 이것들에 너무 끌리지만, 나는 나 자신을 존중합니다"라고 다시 셋업한 후 두드리니 강도가 0으로 떨어졌다. 마이클은 음료와 초콜릿을 던져 버렸다. 이 단계가 상당히 중요하게 작용하여 다음 문제도 함께 해결되었다.

중독 증세에 빠지는 자신을 용서하기

단 것 중독 문제 해결과 함께 종료되었다.

췌장에 대한 에너지 흐름 재조정하기

췌장의 기능이 원활하지 못한 것에 대해 "나의 췌장은 게으르지만, 나는 완전히 나 자신을 받아들입니다"라고 셋업하여, 세 번의 기본과정을 시행했다. 하지만 이 경우에는 결과를 판단할 수 없었기 때문에 바로 그만두었다.

해설

마이클은 자신에 대해 여유가 생겼고 과도하게 떠들고 싶은 욕구도 사라졌다. 숙모에 대한 분노도 이제 찾아볼 수 없었다. 자신을 받아들이고 존경하게 된 이후로는 다이어트 탄산음료를 이틀에 한 번 작은 병으로 마시고 가끔 행사가 있을 때만 단 것을 먹는다.

췌장에 관해서는 하루 세 번 맞던 주사를 일주일에 한 번으로 줄였다. 혈당은 409에서 109로 내려갔다. 활력도 극적으로 좋아졌다. 또 특이하고도 재미있는 부작용이 생겼다. 일주일에 한 보루씩 피우던 마이클의 흡연양이 세 갑으로 줄어든 것이다.

여기서 주목할 것은 두 가지다. 하나는 병과 결부된 다양한 감정 상태를 먼저 파악한 후 적절한 셋업을 설정하여 두드렸다는 것이고, 다른 하나는 더 이상 진전이 없을 경우 변화된 감정 양태에 맞춰 다시 셋업을 했다는 것이다.

마이클의 경우는 분노, 중독 증세, 자존감 상실, 췌장 기능 상실 등의 여러 가지 이슈가 복합되어 있는 것으로 실제 이렇게 복합된 경우가 많다.

: : 사례 2 : :

이번에는 EFT 마스터인 캐롤 룩이 치료했던 한 여성 비만의 사례를 보자. 피오나는 체중을 줄이기 위해 5~6개월간 전화로 EFT를 했고 지금까지 9.1킬로그램을 줄였다. 그녀가 캐롤에게 보낸 편지와 치료 과정은 다음과 같다.

"나는 체중과 음식이 주요 문제가 되는 가족의 일원으로 태어났다. 단 하루도 이 주제가 언급되지 않은 날이 없었다. 심지어 지금까지도 계속 이런 얘기를 하고 있다. 언니는 항상 비만이었다. 어머니는 언니가 먹지 못하게 하려고 식료품 창고의 문을 잠그기도 했다. 이 언니는 작년에 위의 크기를 줄이는 위장 절제술까지 받았다. 외모에 대한 콤플렉스도 많았다. 세 자매 중에서 두 명이 성형수술을 했다. 나도 그중 하나다.

나는 이혼과 재혼을 반복한 탓에 아이가 열 명이나 된다. 나의 과거는 항상 체중 문제와 씨름하던 기억으로 점철되어 있다. 체중은 항상 요동쳤지만 항상 15킬로그램 정도 과체중이었다. 나는 요요현상을 겪었고 감정이 일면 마구 먹어댔다. 나는 평소에 초콜릿, 시리얼, 아이스크림, 캐러멜이 듬뿍 든 스타벅스 커피처럼 위안이 되는 음식들을 먹곤 했다. 이런 음식에 중독되어 있었고, 또 많이 좋아했다.

그런데 타점을 두드리기 시작하면서 식욕이 점차 줄어들고 있다는 느낌을 받았다. 두드리기를 통해 나는 식욕과 관련된 내 감정도 알아차리게 되었다. 나는 내가 가족에게 부족한 존재라고 생각했다. 남편과 일곱 명의 아이들을 돌보았지만 나를 돌보는 사람은 아무도 없다고 느꼈다. 항상 부족함을 느꼈고 음식만이 나의 위안이 되었다. 남편과 아이들에게 분노와 좌절감을 느낄 때마다 나는 곧장 부엌으로 달려갔다.

피오나는 종종 롤러코스터 같은 인생이 너무 벅차서 안정감이나 편안한 느낌이 전혀 없다고 말했다. 그녀는 항상 할 일이 있었다. 캐롤은 그녀에게 "나는 항상 시간이 부족하고 늘 너무 바쁘지만, 나는 나 자신을 온전히 받아들이고 깊이 사랑합니다"를 반복하며 지속적으로 두드리라고 말했다. 피오나가 해결해야 했던 문제는 아래와 같았다.

음식 충동

"나는 캐러멜과 커피를 무척 좋아하고 이것 없이 지낼 수 있을지는 모르겠지만, 그런 나 자신을 온전히 받아들이고 깊이 사랑합니다."

"나는 오후 간식이 필요하지만, 그런 나 자신을 온전히 받아들이고 깊이 사랑합니다."

"나는 단 것을 먹지 않으면 초조하고 불안하고 화가 나지만, 그런 나 자신을 온전히 받아들이고 깊이 사랑합니다."

"나는 단 것을 먹지 않으면 부족한 느낌이 들지만, 그런 나 자신을 온전히 받아들이고 깊이 사랑합니다."

자기비하

"나는 항상 부족한 느낌이 들지만, 그런 나 자신을 온전히 받아들이고 깊이 사랑합니다."

"나는 항상 부족하고 일하는 것도 뭔가 모자란다고 확신하지만, 안정과 평화로움을 선택합니다."

"나는 좋은 어머니가 아니지만, 그런 나 자신을 온전히 받아들이고 깊이 사랑합니다."

"나는 항상 낯설고 어색한 느낌이 들고 엄마도 그렇게 말했지만, 그런 나 자신을 온전히 받아들이고 깊이 사랑합니다."

"나는 뚱뚱하고 매력이 없다고 생각하지만, 그런 나 자신을 온전히 받아들이고 깊이 사랑합니다."

기타 감정적인 문제들

"나는 늘 걱정으로 벼랑 끝에 선 느낌이지만, 깊고 온전히 내 모든 것을 받아들이고 사랑합니다."

"나는 편안하고 튼튼하다는 느낌이 뭔지 잘 모르겠지만, 나는 내 모든 것을 사랑합니다."

"나는 내가 좋아질 거라고 믿지도 않고 또 왜 이런 고생을 하고 있냐고 생각하지만, 그런 나 자신을 완전히 받아들이고 깊이 사랑합니다."

"나는 항상 녹초가 되고 기진맥진하지만, 깊고 온전히 나와 내 인생을 받아들입니다."

"나는 아무도 나를 돌보지 않아 상실감을 느끼지만, 깊고 완전히 나와 내 가족을 받아들입니다."

해설

피오나는 최근 5~6개월 만에 9킬로그램을 줄였다. 그녀는 식욕을 조절할 수 있다는 확신이 생겼다. 이제 그녀는 설탕이나 빵과 같이 탄수화물이 많은 음식은 먹지 않는다. EFT가 과거의 체중 조절법과 다른 점은 더 이상 음식에 대한 욕구를 생기지 않게 한다는 점이다. 아이들은 그녀가 두드리는 것에 대해 말하면 우스꽝스럽다고 말하지만 지금까지 그녀에게 나타난 결과는 부인하지 못한다. 그녀는 몸의 기력이 떨어질 때도 EFT를 활용한다. 다 두드리고 나면 눈이 맑아지고 몸에서 안개 같은 찌뿌듯한 느낌이 사라진다. 이제 그녀는 약물로는 치료되지 않는 가벼운 우울증을 겪거나 아이와 남편 그리고 스스로에게 화가 날 때도 두드리기를 실행한다.

또 하나의 사례를 보자. 단아한 외모에 여성스러운 성격의 33살 P양. 그녀는 지난해 말부터 곧잘 하던 일에도 자신감이 떨어졌다. 자주 기운이 빠지고 기분이 가라앉았지만 병이라고 생각해본 적은 없었다. 서른 살을 넘기면서 결혼 독촉이 심해지고 직장 상사와 갈등을 겪으며 일시적으로 찾아온 증상이라고 스스로 진단했다. 하지만 최근 들어 상태가 악화됐다. 후배가 자신을 얕본다는 자격지심은 이따금 살기 싫다는 생각으로까지 발전됐다. 그리고 언제부터인가 콜라가 너무 좋아져 하루에 10잔 정도는 마시게 되었다. 고민 끝에 찾아간 병원에서 그녀는 우울증 진단을 받았다. 먼저 P양의 우울증에 대한 치료는 다음과 같이 진행되었다. 이번에는 단축과정을 활용했다.

1. 먼저 주관적 고통지수를 측정한다.

2. 그 다음 수용확언을 말한다.

   이때 두루뭉술하게 해서는 안 된다. 자신을 우울하게 만드는 이유나 사건들을 잘 찾아서 보다 명확하게 EFT를 적용해야 한다. 수용문은 다음과 같다.

   "나는 요즘 자신감이 떨어져 우울하지만, 그런 나 자신을 온전히 받아들이고 깊이 사랑합니다."

   "나는 요즘 기운이 빠지고 기분이 가라앉아 우울하지만, 그런 나 자신을 온전히 받아들이고 깊이 사랑합니다."

   "나는 요즘 집안의 결혼 독촉으로 인한 스트레스로 우울하지만, 내게 스트레스를 준 부모님 외 가족들을 용서하며 이 상황을 온전히 받아들이고 깊이 사랑합니다."

   "나는 요즘 직장 상사와의 갈등으로 우울하지만, 나를 힘들게 한 그 상사를 용서하며 이 상황을 온전히 받아들이고 깊이 사랑합니다."

"나는 요즘 후배가 자신을 얕본다는 자격지심에 우울하지만, 자격지심을 느끼게 한 그 후배를 용서하며 나 자신을 온전히 받아들이고 깊이 사랑합니다."

"나는 가끔씩 살기 싫다는 생각에 우울하지만, 나 자신을 온전히 받아들이고 깊이 사랑합니다."

3. 연속 두드리기를 두 번 반복한다

P양의 증상이 "나는 요즘 자신감이 떨어져 우울하지만, 그런 나 자신을 온전히 받아들이고 깊이 사랑합니다"일 경우, 연상어구는 '떨어진 자신감', 혹은 '떨어진 자신감으로 인한 우울함'이 된다. 연상어구를 반복하면서 다음의 타점을 각각 5~7회씩 두드린다.(눈썹, 눈 옆, 눈 밑, 입술 아래, 쇄골, 겨드랑이 아래) 나머지 증상에 대해서도 같은 방법을 따른다.

4. 고통지수를 다시 평가하고 단축과정을 반복한다

연속 두드리기를 실행한 후 고통지수가 0으로 떨어지지 않았다면, 수용확언 문장을 다음과 같이 변경해 반복한다. "나는 비록 여전히 우울하지만 혹은 여전히 우울함이 조금 남아 있지만, 나 자신을 온전히 받아들이고 깊이 사랑합니다." 이때 연상어구는 '여전히 남아 있는 우울함'이 된다. 위의 단계를 반복하도록 하자.

콜라 중독 문제 해결하기

현재 중독강도는 9~10 정도. "나는 콜라만 보면 너무 당겨 마시고 싶지만, 그런 나 자신을 받아들이고 깊이 사랑합니다"로 셋업하고 두드리자 강도는 7~8 정도로 떨어졌다. 이어서 '남아 있는 당김'이라고 하여 두드렸지만 변화가 없었다. 더 이상 진전이 없어 문제를 좀더 꼼꼼하게 살폈다. 콜라를 마시면 어떤 점이 좋은지 살펴보니, 콜라의 거품이 목구멍에서 확 터지면서 자극하는 느낌이 아주 좋은 것 같았다. 이에 "나는 콜라 거품이 목구멍에서 확 터지면서 자극하는 느낌을 아주 좋아하지만, 나 자신을 받아들이고 깊이 사랑합니다"로 다시 셋업하고 두드리니 강도는 4로 떨어졌다. 이후 몇 개의 양상을 더 찾아내어 두드리니, 콜라에 대한 중독 증세가 거의 사라졌다.

해설

P양의 사례처럼 구체적으로 문제의 증상을 집어내면 도움이 된다.

EFT Korea 워크샵 사례에 의하면, 배고플 때마다 타점을 두드렸더니 공복감이 사라져 체중이 일주일 만에 몇 킬로그램이 줄었다는 보고도 있다. 지면 관계상 많이 소개하지는 못했지만, 위의 3가지 사례를 잘 참조하여 자신의 상황에 맞는 방법을 적용하면 '스트레스가 되는 부정적인 감정'을 해소하거나 '과식하게 되는 상황'을 제어할 수 있으며 '특정 음식에 대한 충동'도 제거할 수 있을 것이다.

문제가 잘 드러나지 않을 때 유용한 기법

이 기법은 EFT 기본과정이나 단축과정을 실행한 후에도 문제가 완전히 해소되지 않았다고 느낄 때 적용할 수 있다. 왜냐하면 겉으로 드러나지 않고 무의식 깊숙한 곳에 숨겨진 문제가 있을 수 있기 때문이다. 이때 적용할 수 있는 기법이 '핵심주제 찾기 질문법'이다.

내가 가장 두려워하는 것은 무엇일까?
나를 가장 화나게 하는 것은 무엇일까?

나는 무엇에 가장 죄책감을 느끼는가?

나는 무엇에 가장 큰 절망감을 느끼는가?

나는 무엇에 가장 큰 슬픔을 느끼는가?

위의 질문들을 자신에게 반복해라. 질문에 대한 답을 얻은 다음에는 각각의 항목들에 대해 EFT를 실시하면 된다. 또한 핵심주제는 그 사람이 갖고 있는 신념이나 기억, 태도, 성격 특히 유년기의 경험에서 많이 유래한다. 그래서 핵심주제를 찾으려면, 과거의 중요한 기억들을 떠올리게 하는 질문을 던져야 한다. 다음은 핵심주제를 찾는 질문들이다.

나는 어떻게 그것을 알고 있는가?

자신이 평소 "나는 뚱뚱해서 아무도 날 사랑하지 않아!"라는 생각을 한다고 가정해 보자. 이 경우에는 "내가 뚱뚱해서 아무도 날 사랑하지 않는다는 것을 내가 어떻게 알지?"라고 자신에게 물어보면 된다. 그러면 이것과 관련된 과거의 경험이나 사건들이 떠오르게 된다. 이제 이 개별 사건들에 대해서 EFT를 적용하고 큰 사건의 충격들을 제거해 나가면, 자신의 일반화된 판단도 바뀌게 된다.

지금 현재의 증상이나 상황으로 떠오르는 과거의 사건은 무엇일까?

현재의 느낌, 상황과 관련된 과거의 경험을 찾는 질문이다. 지금 내가 느끼고 규정하는 나의 모습은 모두 과거의 주도적인 사건에 의해 귀납된 결과이기 때문이다. 예를 들어 완벽주의자인 아버지 밑에서 항상 비판 받으며 자란 사람의 기억 속에는 완벽하지 못하다고 꾸지람을 들은 여러 기억들이 있을 것이다. 이 기억들로 인해 그는 자신이 항상 불완전하고 자격이 없다고 판단하며 죄의식을 가지게 된다. 이런 강렬한 기억 몇 개를 지워버리면 현재의 '나'라는 규정 자체가 바뀌는 것이다.

지금과 비슷한 느낌을 가졌던 때는 언제인가?
위의 질문과 비슷하지만, 좀더 시초가 되는 경험을 묻고 있다.

지금 이 문제의 바탕이 되는 감정은 무엇일까?
증상 자체보다는 증상의 이면에 깔려있는 자신의 감정이나 생각을 찾아보는 질문이다. 이 질문만으로 핵심주제가 드러나는 경우가 많다. 만일 자신이 음식에 대한 충동을 주체할 수 없다고 생각할 때, "요즘 스트레스가 많다"라는 답이 나오면 그 스트레스에 대해 구체적인 EFT를 적용하면 된다.

내가 만약 인생을 다시 살 수 있다면, 지우고 싶은 사람이나 사건이 있는가?
자신의 인생에서 가장 부정적이고 충격적인 영향을 준 문제를 찾아내는 질문이다. 과거에 해소되지 않은 감정들이 현재의 문제를 지속적으로 만들어 내기 때문에, 이 질문으로 그것을 찾아 지워주는 것이다. 대표적인 예가 천재지변이나 화재, 폭행, 학대 등으로 인한 트라우마(외상성 스트레스 장애)이다. 현재의 믿음과 세계관을 만드는데 결정적인 영향을 준 과거 사건을 찾아서 지워버리면 나의 믿음과 태도, 세계관은 바뀌게 된다.

부정적 감정을 해소하는 방법 2

CORE(Center of Remaining Energy)

CORE기법은 EFT와 함께 부정적인 감정을 처리하는 유용한 기법이다. 주로 코칭에서 이용되는 CORE는 Center of Remaining Energy의 약어로 부정적인 감정을 처리하는 방법을 말한다. 어떤 부정적인 경험이 미처 해결되지 못했을 경우 그 감정은 몸 안에 에너지의 형태로 남아 있는데, 이때 CORE 기법을 활용하면 미처리된 에너지를 해소할 수 있다.

CORE 기법은 지금까지 설명한 EFT와 마찬가지로 부정적인 감정을 해소할 수 있는 아주 탁월한 도구다. EFT와 차이가 있다면 EFT는 에너지 차원에서 두드림과 말로 처리하는데 비해 CORE는 에너지를 의식 차원에서 처리한다는 것이다. 물론 둘 다 부정적인 에너지를 해소하는데 탁월하다.

우선 감정에 대해 생각해 보자. 감정이란 무엇일까? 그것은 단지 어떤 것, 에너지일 뿐이다. 당신 자체가 아닌, 당신 몸 안에서 발생한 '어떤 것'이라는 것을 먼저 인지하라.

지금 당신이 누군가에 대한 분노로 고통을 겪고 있다고 가정해 보자.

그를 혹은 그 상황을 떠올리면 분노를 느끼는가? 그렇다면 그 분노의 감정은 몸의 어디에서 나오는가? 분노는 에너지의 형태로 당신의 몸에 저장되어 있다. 이제 눈을 감고 분노가 가장 강하게 느껴지는 몸의 특정 부위를 찾아라. 그리고 특정 부위의 중심부에 의식을 집중하고 느껴보자.

마치 스카이다이빙을 하는 것처럼 태풍의 눈의 중심부로 들어가라. 자신의 몸이 직접 그곳으로 들어간다고 상상할 수도 있고, 자신의 의식을 레이저 빔처럼 쏘며 들어간다고 생각해도 된다. 처음에는 분노의 강도가 더 강하게 느껴지거나 비슷하게 느껴질 테지만 시간이 지나면 점점 약해짐을 느낄 것이다.

이제 그 지점을 확대하여 핵심 부분의 센터를 찾아보자. 의식을 집중하고 고통의 근원과 마주하면 점점 그 감정이 약해짐을 알 수 있을 것이다. 그리고 좀더 가까이 다가가 잔여 감정이 있는지 살펴보라. 아직 감정이 남아 있다면 다시 그곳의 핵심으로 가서 더 이상 처리할 감정이 없어지게 될 때까지 계속 의식을 쏘아준다. 이 과정을 반복하고 완전히 그 감정이 해소되었는지 확인해 보자. 맨 처음 했듯이 그 사람 혹은 그 분노의 상황을 다시 떠올려 보라. 위의 작업이 잘 진행되었다면, 지금은 아무 느낌도 없을 것이다.

위의 CORE 기법은 초기 어느 시점부터는 눈을 감고 진행해야 하므로 자신이 직접 읽으면서 하는 것은 쉽지 않다. 누군가에게 위의 절차를 말해 달라고 하거나, 스스로 절차를 전부 녹음한 다음 따라 하길 권유한다.

처음에는 CORE 기법을 받아들이고 익히는 것이 어려울 수 있다. 따라서 조금의 연습이 필요하다. 하지만 몇 번의 연습을 거치고 익숙해지면 아주 효과적으로 부정적인 감정 에너지를 처리할 수 있다.

의식과 무의식의 충돌

발랄하고 지적인 마스크의 28세 H양. 그녀는 조금 뚱뚱하긴 하지만 활발한 성격에 붙임성도 좋아 주변 사람들에게 인기가 많다. 애인은 아직 없지만 남자 친구는 많다. 그런 그녀가 어느 날 정말 마음에 쏙 드는 한 남자를 만났다. 그런데 이 남자는 무슨 이유인지 자기를 그리 탐탁지 않게 생각하는 것이다. 알고 봤더니 그 남자는 다른 것은 몰라도 뚱뚱한 여자는 딱 질색이라고 했다. 그간 자신이 뚱뚱한 것에 대해 전혀 개의치 않고 살아 왔지만, 이번에는 살을 한번 빼보고자 식이요법도 하고 운동도 열심히 했다. 하지만 세 달이 지났는데도 도무지 살이 빠질 기미가 보이지 않는 것이다. H양의 경우처럼 노력을 해도 효과가 나타나지 않는 경우는 먼저 자신이 심리적 역전에 걸려 있는 것은 아닌지 확인해 볼 필요가 있다.

심리적 역전이란 의식과 무의식이 갈등을 일으키는 현상을 말한다. 의식은 치유를 원하지만 무의식은 치유를 회피한다. 자동차를 출발시키기 위해 시동을 걸고 엑셀레이터 페달을 밟았지만 옆에 사이드브레이크가 걸려 있는 상태와 같은 것이다. 이 사이드브레이크가 바로 무의식의 저항이라 할 수 있다. 이 경우 차를 움직이려면 먼저 사이드브레이크부터 풀어야 한다.

H양은 최근에 만난 남자 때문에 다이어트를 시작했지만, 사실 그녀의 무의식은 살이 빠지기를 거부하고 있었다. 왜냐하면 그녀는 원래 사람들에게 인기가 많아 여기저기 불려 다니느라 바빴는데, 날씬해지기까지 하면 더 바빠지지는 않을까라는 생각을 무의식적으로 하고 있었던 것이다.

EFT 창시자인 크레이그에 의하면 EFT로 무엇인가를 교정하려는 사람의 약 40%가 심리적 역전 현상이 있다고 한다. 심리적 역전의 해결이 성공률을 높이는 중대한 관건이 될 것이다.

심리적 역전에는 크게 두 가지 원인이 있다.첫째는 만성적인 부정적 생각이나 성향에 의해 발생한다.

160센티미터의 키에 체중이 65킬로그램인 올해 21살 대학생 J양. 매사에 불만과 짜증이 가득하다. 그녀는 체중 감량에 성공하면 자신을 차버린 남자를 찾아가 짧은 치마를 입고 보란 듯이 그 앞을 지나갈 생각을 하고 있다. 그런데 그녀의 무의식은 전혀 다른 생각을 하고 있었다.

"세상엔 멋지고, 능력 있고, 운이 좋은 여자들만 날씬해. 나는 아니야."

"모두가 날 싫어해. 부모님도, 친구들도, 그 남자도."

"지지리 복도 없지. 난 잘하는 게 하나도 없어."

"버스에 타면 모두가 나만 보는 것 같아. 사람들이 나를 피해가. 죽고 싶어."

J양은 자신이 날씬해지는 것은 불가능하다고 생각하며 매우 낮은 자존 감을 보였다. 이런 부정적인 생각이 고착화되면 제한적 신념이 생기고 그 것이 곧 심리적 역전이 된다.

둘째는 H양의 사례처럼 부가적인 이득으로 인해 심리적 역전이 발생하 는 경우다. 이는 우리의 무의식이 현재 상황이 해결되거나 증상이 없어지 는 것보다 그대로 유지하는 편이 더 낫다고 판단할 때 나타나는 현상이다. 무의식이 의식에 저항하는 상태이므로 본인의 의식적 판단과 무의식의 판 단은 반대가 된다. 의식은 인지하지 못해도 무의식 차원에서는 '불편한 진 실'이 될 수도 있다. 날씬해지기 위해 다이어트를 시도할 때 어떤 식으로 심 리적 역전에 걸릴 수 있는지 살펴보자. 우리는 의식적으로 당연히 날씬해 지기를 원한다. 하지만 무의식은 다음과 같이 판단할 수 있다.

"살이 빠지면, 새 옷을 사느라 돈이 많이 들 거야."
"지금도 남자들이 날 가만히 내버려두지 않는데, 살이 빠져서 더 예뻐지 면 남자들이 집적대는 통에 제대로 일도 못 할 거야!"
"지금까지는 살 핑계를 댔지만, 만약 살이 빠져도 진급이 되지 않으면 남 들이 뭐라고 할까?"
"살이 너무 빠지면 피부가 쭈글쭈글해질 거야. 울퉁불퉁한 피부는 딱 질 색이야."
"그 사람이 나를 진정 사랑한다면 지금 이대로의 나를 사랑해야 해."

만약 이와 같은 판단으로 무의식이 체중 감량에 저항하고 회피하는 형태로 반응하게 된다면 치료 효과가 나타나지 않거나 아주 더디게 진행된다. 진정한 힘은 의식이 아니라 무의식에 있기 때문이다. 또 과체중이나 통증, 공포증과 같은 증상이 장기간 지속되면서 이것이 그 사람의 인격처럼 여겨지는 경우도 있다. 무의식은 이런 증상도 자신의 일부라고 판단하기 때문에 이 증상이 사라지지 않도록 저항하게 된다는 것이다. 예를 들면 다음과 같은 판단을 무의식이 할 수도 있다.

"이 문제가 사라지면, 나는 다시 이 일을 해야 해."
"이 문제가 사라지면, 도대체 나는 누구란 말인가?"
"이 문제가 사라지면, 정상적인 사람으로 살 수 있을까?"
"이 문제가 사라지면, 더 이상 가족들이 나에게 신경을 쓰지 않을 거야."

부가적인 이익에 심리적 연적이 있는지를 파악하기 위해서는 다음과 같은 질문을 하면 된다. 무의식이 이득이라고 판단하는 상황을 찾아내는 질문이다.

"이 문제가 사라지면 나쁜 점은 무엇일까?"
"이 문제가 있어서 좋은 점은 무엇일까?"
"이 문제를 놓아버리는 것이 내게 정말 안전하고 가장 좋은 일일까?"
"이 문제가 사라지면 다른 사람에게 해가 되는 것이 있을까?"

"이 문제가 없다면 나는 혼란스러울까?"

"나는 이 문제를 극복하기가 두려운 것일까?"

우리는 흔히 마음을 빙산에 비유한다. 의식이 바깥으로 드러난 부분이라면 무의식은 그 아래에 잠겨 있는 훨씬 큰 부분이다. 우리가 원하는 대로 몸과 인생이 움직이지 않는다고 생각하는 이유는 겉으로 드러난 표면만 인지하기 때문이다. 사실 우리는 무의식이 무엇을 믿고 원하는지 명확히 모를 때가 많고, 무의식의 욕구와 의식의 욕구가 서로 어긋나는 경우도 많다. 하지만 실제로 현실에서는 항상 무의식의 욕구가 실현된다. 그러므로 진정한 치유가 이루어지기 위해서는 의식의 욕구와 무의식의 욕구를 일치시켜야 하는데, 바로 EFT의 수용확언이 이 역할을 한다고 할 수 있다. 가령 앞서 H양의 경우라면 수용확언은 다음과 같다.

"나는 지금도 남자들이 날 내버려 두지 않는데 살이 빠져서 날씬해지면 남자들이 집적대는 통에 제대로 일을 못할지도 모르지만, 그럼에도 불구하고 나 자신을 온전히 받아들이며 깊이 사랑합니다."

수용확언은 나의 무의식이 문제를 인식하고 개선할 수 있게 문을 여는 역할을 한다. 아무리 사소한 문제일지라도 무의식이 이를 문제로 인식하고 받아들이지 않으면 치유되지 않는다. 진정한 치유는 의식이 아닌 무의식에서 일어나기 때문이다.

수용확언은 "비록 OO임에도 불구하고, 나 자신을 온전히 그리고 깊이 받아들인다"는 문장으로 되어 있다. 이 말은 그동안 자신이 저항했던 문제를 이제는 수용하겠다는 의미다. 다시 말해 지금까지 한 번도 받아들이지 않으려고 저항했던 문제를 이제는 받아들여 경험하겠다고 선언하는 것이다. 수용확언을 하면 의식에서는 여전히 받아들이지 못할지라도, 무의식은 부정어를 처리하지 못하기 때문에 말하는 그대로를 받아들이게 된다.

사실 모든 문제는 저항과 회피에서 비롯되기 때문에 그 치유 또한 그 문제를 인정하고 받아들이는 것으로부터 시작된다. 그래서 수용확언을 하면 심리적 역전 즉 무의식의 저항이 제거되는 것이다. 그러면 무의식은 사랑하는 자신을 위해 치유에 적극적으로 동참하게 되며, EFT의 효과가 일어나도록 도와준다.

수용확언은 무의식에 직접 작용하기 때문에 수용확언만 잘해도 문제가 해결되는 경우가 많다. 다음의 문장을 진지한 마음으로 손날점을 두드리거나 가슴 압통점을 문지르면서, 큰 소리로 3번 정도 말해보라.

"나는 돈이 있든 없든, 아프든 건강하든, 잘났든 못났든, 현재 상황이 어떠하든, 언제 어디에 있든, 마음속 깊이 진심으로 나를 힘들게 한 모든 사건과 상황과 사람들을 용서하고 내려놓으며, 이 세상과 우주에 감사하고 나 자신을 사랑하고 받아들입니다."

어떤 느낌인가? 위의 말대로 했다면, 속에서 뭔가 뭉클하거나 눈물이 핑돌 수도 있다. 수용확언을 하는 사람들 중에는 태어나서 처음으로 자신을 사랑한다는 말을 해봤다면서 감동하는 사람도 있다. 수용확언은 있는 그 대로의 자신을 받아들이고 모든 행복과 가능성의 시작은 사랑임을 보여 준다.

여기서 우리의 의식으로는 인식하지 못하지만, 마음 깊은 곳에 도사리 고 있는 무의식이 얼마나 큰 영향을 미치고 있는지 잠깐 살펴보자. EBS 「지식채널e」에서 2007년 10월 5일 '10,999,960..'라는 제목으로 방송된 내용이다.

인간의 감각기관에서 뇌로 흘러가는 정보는 매초 1100만 개 이상.
하지만 의식적으로 처리할 수 있는 정보는
그것의 28만 분의 1인 40개 정도이다.

눈에서 10,000,000개, 피부에서 1,000,000개, 귀에서100,000개
감각기관에서 뇌로 흘러가는 정보는 매초 11,000,000개 이상
그러나 의식적으로 처리할 수 있는 정보는 매초 40개
이것은 뇌가 받아들인 정보의 28만 분의 1,
우리는 우리가 실제로 받아들인 정보의 28만 분의 1을 지각한다.

받아 들였지만 의식하지 못한 정보 10,999,960개
그것들은 어디로 갔을까, 사라졌을까?
의식, 그리고 기억하지 못하지만 의식 저 밑으로 버려둔 무의식!

100여 년 전, 프로이트에 의해 발견되었지만,
아직까지 무의식은 정의하지 못하기로 악명 높다.

그러나 무의식에 관한 공통된 의견
의식이 깨어있는 삶에서 행하는 수많은 행위들은 사실,
무의식에 의해서 지배된다.
자극을 받고, 반응을 하는 잠깐 사이,
행위를 선택하는 것은 무의식에서 건져 올린 본능적 뇌의 결정.
사람의 판단과 감정, 행동을 지배하는 무의식은
우리가 의식하지 못했던 10,999,960개의 정보들까지도 활용한다.

매 순간 40개의 정보,
그것은 내가 알고 있는 나.
매 순간 10,999,960개의 정보,
그것은 앞으로의 나를 움직이게 될 나.
동시에 내가 알지 못하는 또 다른 나.

심리적 역전 시험하기

원래 심리적 역전 현상은 응용근신경학(AK-Applied Kinesiology)이라고 알려진 분야에 그 근거를 두고 있다. 이 분야의 중요한 도구 중의 하나가 다음에 소개하게 될 근육테스트와 오링테스트이다. 참고로 운동 역학 테스트는 지난 25년간 수백만 번의 테스트를 통해 그 정확도가 검증되었다.

근육테스트

첫째, 피검자는 한 팔을 앞으로 나란히 하듯 올리고 손등이 위로 가도록 한다. 근육테스트는 어떤 근육을 사용하던 동일한 결과가 나오지만, 처음에는 큰 근육을 이용하는 것이 검사하기가 쉬우므로 삼각근을 이용한다.

둘째, 검사자는 피검자에게 어떤 진술을 함과 동시에 피검자의 손목 부위를 일정한 힘으로 누르고 피검자는 현재의 상태를 그대로 유지하기 위해 버틴다. 이때 무의식이 그 진술에 동의를 하지 않으면 근육은 순간적으로 약해져 팔은 쉽게 아래로 내려간다. 반대일 경우 팔은 강하게 버틴다.

오링테스트

오링(O ring) 테스트는 다른 사람의 힘을 빌리지 않고 자신이 직접 테스트할 수 있다.

첫째, 한 손(오른손잡이 경우 왼쪽 손)의 엄지와 검지로 O자형 고리를 만든다.

둘째, 위와 동일하게 스스로에게 어떤 진술을 함과 동시에 다른 손 손가락의 엄지와 검지를 고리로 만들어 양쪽으로 잡아당긴다. 이때 무의식이 그 진술에 동의를 하지 않으면 근육은 순간적으로 약해져 링은 쉽게 벌어진다. 반대일 경우 링은 강하게 버틴다.

엄지와 검지로 동그라미를 만들 때 손가락의 끝과 끝이 맞닿아 조금도 찌그러지지 않고 자연스럽게 오링의 모양이 되도록 유의한다. 그리고 오링을 하는 손가락은 악을 쓰면서 힘을 주지 말고 보통의 힘만 일정하게 주도록 한다. 오링을 당기는 손가락은 오링에 주어진 힘이 100이라 할 때, 120 정도의 힘으로 일정하게 당겨야 한다. 150이나 200에 가까운 터무니없이 강한 힘으로 당기면 정확한 테스트가 될 수 없다. 물론 이 오링 테스트도 제3자가 고리를 당기면 더 정확하다. 다음의 문장을 말하면서 오링 테스트를 해 보자.

가령 자신의 이름이 김영희라고 한다면 "나는 김영희다"라고 말하며 오링 테스트를 한다. 그리고 다른 사람의 이름을 말하면서 오링 테스트를 해 보도록 한다. 첫 번째 경우는 진실이기 때문에 근육은 순간적으로 강해져서 링이 쉽게 벌어지지 않았을 것이다. 반면에 두 번째 경우는 진실이 아니었기 때문에 근육이 순간적으로 약해져서 링이 쉽게 벌어졌을 것이다.

이제 마음을 담아 다음의 문장으로 오링테스트를 해보라.

"나는 정말 체중을 줄이고 싶다."
"나는 지금 이대로의 체중을 유지하고 싶다."

내적 평화과정으로 모든 부정 에너지를 제거하라

자신의 인생에서 일어난 모든 구체적인 사건의 목록을 만들자. 각각의 사건들 속에는 감정적으로 해소되지 않은 부정적인 기억들이 분명히 존재할 것이다. 이 기억들은 감정적이고 육체적인 고통을 부른다. 특별한 사건으로부터 정신적인 쓰레기를 제거하면 제거할수록 내적 갈등은 점차 줄어들 수밖에 없다. 내적 갈등이 줄어들수록 마음은 평화로워지고 신체적·정신적 고통도 감소한다.

원래 EFT는 감정적인 문제를 해결하기 위해 개발되었다. 그런데 감정적인 문제와 함께 EFT가 신체적인 문제도 해결할 수 있다는 것을 발견하게 되었다. Emotional Freedom Technique(감정적 자유기법)으로부터 시작해, Physical Freedom Technique(신체적 자유기법)으로 발전했으며, 나아가 제한된 신념으로부터 자유로워지는 Mental Freedom Technique(정신적 자유기법)과 영적인 자각의 눈을 뜰 수 있는 Spiritual Freedom Technique(영적자유기법)으로 발전했다. 오늘날에는 Existence Freedom Technique 즉 '존재로부터의 자유로 가는 기법'으로 발전하고 있다.

EFT 측면에서 보면 인간은 타고난 그대로 행복하고 완전한 존재이다. 다만 구름이 해를 가리는 것처럼 이 완전함을 가리는 부정적인 기억과 생각이 있을 뿐이다. 지금부터 소개하게 될 내적 평화과정은 우리를 가리고 있는 구름을 걷는 작업이며 EFT의 백미다. 있는 그대로의 온전함을 자각할 수 있게 해주는 '나를 넘어 나에게로 가는 과정'이라고 할 수 있다. 내적 평화과정으로 식탐의 원인이 되는 숨겨진 동기를 완전히 제거할 수 있을 것이다. EFT 매뉴얼과 『5분의 기적 EFT』를 참조한 다음의 가이드라인을 따라 실시해 보자.

- 현재 마음에 걸리는 과거의 모든 사건을 목록화한다. 최소 20개 이상 적는 것이 좋다. 설사 지금은 크게 문제가 없어 보이더라도 일단 적는다. 기억이 난다는 그 자체가 뭔가 감정적인 문제가 있다는 의미이다.

- 각각의 사건에 제목을 붙여라. 마치 짧은 영화처럼 말이다. 예를 들어 아빠가 부엌에서 나를 혼냈다. 영철이의 샌드위치를 훔치다. 놀이터에서 놀다가 친구와 말다툼하다. 학교에서 집으로 오는 길에 넘어져 다리를 다치다. 내가 3학년이었을 때 교실에서 발표하는 것은 끔찍했다. 어머니가 이틀 동안 나를 벽장에 가두다. 철수가 나에게 바보라고 말했다.

- 목록이 완성되었을 때 부정적인 감정의 숲에서 가장 큰 나무 하나를 뽑아 "더 이상 그것에 대해서 생각할 수 없어"라고 생각될 때까지 EFT를 적용하라. 일어날 수 있는 모든 사건이 해결될 때까지 계속해서 EFT를 적용하라.

- 하루에 적어도 한 가지 사건에 대해서 EFT를 실행하라. 하루에 3개, 3개월 동안. 하루에 몇 분밖에 걸리지 않는다. 이런 비율이라면 3개월

안에 90~270개의 특별한 사건을 해결할 수 있다. 이 과정에서 일주일 마다 한 개씩 지워진 사건을 보고 지금 내가 그것에 대해 어떤 변화를 느끼는지 확인한다. 몸과 마음에도 변화가 있을 것이다. 혈압, 두통, 어 깨 결림, 요통 등의 신체 증상도 확인한다. 아마도 당신보다도 주변의 사람들이 먼저 당신의 변화를 눈치 챌 것이다.

감사는 완벽한 동기를 만든다

현실적으로 부정 에너지를 완전히 제거하는 것은 불가능하다. 자존감 증진을 위한 일기 쓰기나 부정적 감정 해소를 위한 EFT로도 자신이 가지 고 있는 모든 부정적인 에너지가 말끔히 해소되지 않는다. 우리는 주변 사 람이나 환경 때문에 의도하지 않은 상황에 종종 직면하게 된다. 어떤 잘못 도 없이 타인으로부터 공격 당할 수도 있으며, 신문 기사 등을 통해 반사 회적인 사건을 접할 수도 있다. 또한 자신이 아주 어릴 때 저장된 부정적인 에너지를 성인이 된 다음에 일일이 찾아내어 하나씩 제거한다는 것도 불 가능에 가까우며, 한순간에 되는 일도 아니다.

우리가 궁극적으로 원하는 것은 의도하는 바가 온전히 실행될 수 있는 최적의 조건을 만드는 것이다. 즉 내게 있는 모든 부정 에너지의 총합이 가능한 '0'에 근접하도록 만드는 것이다. 그렇다면 이 목표를 어떻게 달성 할 수 있을까? 그 답은 바로 '감사의 힘'을 이용하는 것이다.

다이어트에 효과적인 태도

잔잔한 연못에 돌을 던지면 물결이 퍼진다. 그런데 물결은 더 이상 나아갈 수 없는 가장자리에 닿아 소멸되지 않고 근원지인 중심으로 돌아오게 된다. 생각이나 말의 진동도 마찬가지다. 원을 그리며 끝없이 퍼지고 우주를 돌아 그 생각이나 말을 내보낸 사람에게 다시 돌아온다. 그런데 감사하는 마음을 담은 생각이나 말은 당신이 처음에 감사한 크기보다 더욱 크고 강력한 힘으로 되돌아온다. 감사하는 마음을 강조하는 이유가 바로 여기에 있다.

감사는 사랑과 함께 인간이 가지고 있는 가장 강력하고 긍정적인 에너지인 동시에 우주의 가장 근원적인 힘이다. 우리는 이 강력한 감사를 적극적으로 실천함으로써 자신을 위협하거나 여전히 남아 있을지도 모르는 부정적인 에너지들을 상쇄시키고 중화시킬 수 있다.

그럼 이제 데보라 노빌의 『감사의 힘』에서 언급되는 '감사실험'을 통해 감사의 마음이 다이어트에 왜 중요한지 살펴보자. 이 실험은 캘리포니아 데이비스 대학교 로버트 에먼스 교수와 마이애미 대학교 마이클 매컬로프 교수가 함께 진행한 것이다. 아래의 내용을 읽으면서, 초록색 텍스트 부분을 유심히 살펴보라.

'감사하는 태도는 육체적·정신적으로 어떤 영향을 미치나'

에먼스 교수와 매컬로프 교수는 자원봉사자를 뽑아 세 그룹으로 나눈 다음, 그들에게 일주일 동안 세 가지 말과 행동에 집중토록 했다.

세 가지 종류의 말과 행동은 다음과 같다. 첫 번째는 기분 나쁜 일, 두 번째는 감사할 일, 세 번째는 일상적인 일이었다. A그룹은 '저 머저리 같은 녀석이 내 차를 박고 도망갔어' 등의 기분 나쁜 말과 행동에 집중하도록 했다. B그룹은 '제 남자 친구는 정말 친절하고 헌신적이에요'와 같이 고마움을 드러내는 데 집중하도록 했고, C그룹은 '옷장을 정리했어요'나 '구두를 샀어요'와 같은 일상적인 말과 행동에 집중하도록 했다.

일주일 후 그들의 심리를 분석한 결과, 감사하는 태도에 주력한 B그룹의 사람들이 가장 행복감을 느낀 것으로 나타났다. 그들은 실험 기간 동안 좀더 긍정적으로 자신들의 삶을 바라보게 되었으며, 두통이나 감기를 앓는 사람도 없었다. 활동 지수도 매우 높았다.

또한 B그룹 사람들은 부정적인 것에 집중한 A그룹 사람들보다 평균 1시간 반 이상 운동에 시간을 투자한 것으로 집계됐다. 아울러 B그룹은 자기들을 도와준 사람들에게 감사와 함께 기쁨과 행복을 느꼈다고 전했다. 분명 그들의 삶은 일주일 전에 비해 개선되었다. B그룹 참가자의 주변 사람들에 대한 조사 결과에서도 같은 패턴이 나타났다.

"B그룹 사람들과 친하게 지내는 주변 사람을 대상으로 조사를 했더니 '실험 참가자들이 전보다 삶을 즐겼고 낙천적인 단어를 사용하는 빈도가 늘어났다'고 답했습니다."

반면 A그룹과 C그룹에서는 그런 경향이 나타나지 않았다.

교수팀은 연구 기간을 좀더 장기화하기로 하고 대학생 가운데 지원자를 뽑아 1년 동안 매일 그런 일을 하도록 시켰다. 그 결과, 감사하는 태도를 지닌 사람들은 질투를 느끼거나 신경질을 내는 경우가 많지 않았으며, 좌절을 겪은 일도 현저히 적은 것으로 분석되었다. 아울러 다른 사람들을 배려하고 돕는 데도 적극적이었으며, 즐거운 하루하루를 살아가고 있는 것으로 조사되었다. 실험 참가자들이 겪은 주요 변화 중 건강과 관련된 결과는 다음과 같았다.

삶이 더 행복하다고 느끼게 되었다.
인생의 목표를 수립했으며, 그것을 이루기 위해 노력하게 되었다.
스트레스에 강해졌다.
활력이 넘치는 생활을 하게 되었다.
열정적으로 활동하게 되었다.
운동을 더 열심히 하게 되었다.
숙면을 취하게 되었으며, 눈에 띄게 건강해졌다.
힘든 일을 처리하는 데 자신감이 붙었다.

감사의 효과! 정말 놀랍지 않은가? 감사 그룹 사람들은 스트레스에 강해졌으며, 매사를 긍정적으로 생각하게 되었고, 활력이 넘치며 열정적으로 활동하였다.

이런 점들은 다이어트에 있어 매우 중요하고 긍정적인 요인이 아닐 수 없다. 특히 다이어트 성공에 있어 가장 걸림돌이 되는 것이 주체할 수 없는 '음식에 대한 유혹'인데, 이 음식에 대한 집착은 각종 스트레스로부터 비롯된다. 그래서 감사하는 마음을 가진 후 스트레스에 강해졌다는 것은 곧 '감사'가 다이어트에 긍정적으로 작용하는 것을 의미한다. 앞서 언급했듯이 사랑의 감정을 느끼면서 동시에 두려움을 느낄 수 없는 것과 마찬가지로 감사를 느끼면서 동시에 부정적인 감정을 느낄 수는 없다.

감사하는 마음을 가지고 있는데 아직 가지지 못한 것에 대한 불만이 있을 수 있을까? 날씬한 몸매를 가진 연예인들을 부러워하거나 시기하는 마음이 있을 수 있을까? 감사하는 마음에는 불평이나 불만, 시기가 있을 수 없다. 자신의 몸을 있는 그대로 받아들이지 못해 야기된 자기혐오와 음식으로 위안을 삼던 각종 스트레스는 감사하는 마음으로 해소될 수 있을 것이다.

감사의 눈으로 세상을 보라

감사는 고마운 일에 대한 필연적인 반응이 아니다. 단순히 필연적인 반응이라고 생각한다면 감사를 느낀다는 것 자체는 파블로프의 개와 다를 바 없다. 감사는 어떤 이유로 인해 반응하는 것이 아니라 삶에 대한 근본적인 태도이어야 한다.

진정한 감사란 순간순간 경험하는 삶의 기적들을 향해 자연스럽게 우러나온다. 어떤 욕망에도 집착하지 않고 지금 이 순간의 풍요로움과 소중함을 마음 깊은 곳으로부터 느끼는 것이다. 삶 속에서 마주치는 모든 것과 모든 만남에 고마워하고 이미 받은 축복을 헤아리고 또 음미하는 것이다.

우리는 스스로 살아가는 것처럼 보인다. 그러나 그 누구도 홀로 존재할 수는 없다. 모두가 서로 의존하고 보완하는 관계를 맺고 있다. 우리는 원래 하나에서 출발했기 때문이다. 만약 누구라도 무인도에 한 달 동안 고립된다면 원수를 만나도 얼싸안고 눈물을 흘릴 것이다. 나라는 존재는 모든 존재들 덕분에 생존하고 있다. 나를 둘러싼 모든 것들이 감사할 존재들인 것이다.

권기태의『일분후의 삶』이라는 책이 있다. 강변의 새나 벌판의 들꽃처럼 평범하게 살다가 갑작스레 생사의 위기를 맞았던 12명의 실화를 그린 책이다. '나를 방생해준 자연' 편의 내용을 살펴보자. 어떤 사람이 배의 갑판 위에 서 있다가 인도의 바다 한가운데 빠졌는데 거북이의 도움으로 목숨을 건진다.

희미하게, 기력이 희미하게 생겨나려는 때, 뭔가 단단한 게 배 아래 와 닿았다. 곧 이어 눈앞을 가로막는 게 보여 무작정 팔로 껴안았다. 그리고 얼마나 시간이 지났을까. 나는 몸이 풀렸고 의식과 무의식 사이에 있었다. 그런데 내 가슴부터 배까지 단단한 껍질 같은 게 바싹 붙어 수면 위아래로

오르내리고 있었다. 둥글고, 오각형과 육각형의 무늬가 보였다. 이게 뭘까. 어느 결엔가 내가 손으로 붙잡고 있는 게 생물처럼 살아 움직인다는 걸 알게 됐다. 거북이 머리였다. 등이 약간 길고 둥그스름하며 직경이 1미터쯤 됐다. 물 가르는 기운이 힘차 보였다.

하지만 나는 거북이의 등과 목을 번갈아 가며 잡고 손에 힘을 풀었다. 나는 거북이 위에 타지 않고 내 나름대로 떠 있으려고 했다. 무게를 덜 느끼게 해주고 싶었다.

"거북아, 거북아, 어서 가라. 빨리 가야 한다. 그래야 배가 간다."

나도 모르게 눈시울이 뜨거워졌다. 얼마나 힘들었을까. 내 생명의 은인이었다. 거북이는 그렇게 물 위에 떠서 우리를 올려다보다가 천천히 배 앞머리로 헤엄쳐갔다. 그러고는 수면 위로 가만히, 가만히 멀어져갔다. 그럴 수만 있다면 거북이를 오래오래 곁에 두고 싶었다. 평생 보답해주고 싶었다. 하지만 우리는 지금 헤어지고 있었다. 나와는 알지도 못하는 생물. 아무 대가도 없이 나를 구해주다니. 나도 모르게 눈물이 흘렀다.

"잘 살아라, 거북아."

우리는 은인에게 제대로 보은조차 못한 채 평생을 살아가기도 한다. 거북이 역시 마찬가지다. 하늘의 별이 바다에 고스란히 비치듯이, 삼라만상은 모두 다 연결되어 있다.

얼핏 보기에 바다에 떠 있는 수많은 섬들은 모두 떨어져 있는 것 같지만, 겉으로 드러난 섬의 몸체 즉 바다 속에 잠겨있는 부분의 밑바닥 땅은 서로 연결되어 있는 것처럼, 아니 본시 하나의 큰 땅인 것처럼, 세상 만물은 하나다. 동양에서는 인간이 곧 소우주라고 한다. 단적인 예로 1년이 365일이듯이 인체에는 365개의 기혈이 있고, 지구가 오대양 육대주로 구성되어 있듯이 인체도 오장육부로 구성되어 있다. 천지 만물이 곧 인체라면, 인체의 모든 장기와 기관 그리고 모든 세포 하나하나는 각기 개별성을 띠고는 있지만 모두 유기적으로 연결되어 있으며, 상호 공존하고 있음을 알 수 있다. 가령 어떤 이유로 심장이 갑자기 멈추거나 피가 응고되어 인체를 돌아다니지 못한다면, 우리는 1분도 채 지나지 않아 죽을 것이다. 심장이 아무 탈 없이 수축과 확장을 반복함으로써 피가 몸의 구석구석까지 도달할 수 있으며, 피가 골수에서 이상 없이 잘 만들어져야 심장이 제 역할을 할 수 있어 우리의 생명이 유지된다. 이처럼 인체의 모든 것들이 서로 도움을 주고받듯이, 세상의 모든 만물은 서로 도우며 공존하고 있는 것이다.

거북이는 어떻게 그곳에 있었던 걸까? 만약 거북이가 그곳에 없었더라면 그는 결코 살아서 집으로 돌아올 수 없었을 것이다. 이렇듯 우리는 세상만물 덕분에 살아가고 있다. 또한 이미 많은 것을 가졌으니 감사하다.

부족해도 감사를 잉태한 자는 감사를 낳고, 풍족해도 불평을 잉태한 자는 불평을 낳는 법이다. 그리스의 철학자 에피쿠로스도 "자기가 소유하고 있는 것을 가장 풍부한 재산으로 여기지 않는 자는 이 세상의 주인이라 할지라도 불행하다"라고 하지 않았던가?

50대 초반의 남자가 미국의 유명한 신학자이자 성공학의 대가인 노만 빈센트 필 박사를 찾아왔다. 그는 필 박사에게 평생을 두고 쌓아 올린 자기의 모든 재산이 모두 사라져 버렸다는 절망적인 푸념을 늘어놓았다. "모든 것이라고요?" 필 박사는 의아해 하면서 그에게 물었다.

"정말 모든 것이 사라졌습니까?"

"그렇습니다. 모든 것이 사라졌습니다."

그 남자는 모든 것이라는 말을 강조하면서 계속 말했다.

"이제 내게 남은 것은 아무것도 없습니다. 다 물거품처럼 사라지고 말았습니다. 나이가 너무 많아 재기 불능입니다. 희망이 없고 신념도 잃어버렸습니다."

필 박사는 다시 물었다.

"과연 그렇게 생각하십니까. 그렇다면 나와 함께 귀하에게 남아 있는 것들을 찾아서 한번 종이에 적어 봅시다."

남자는 길게 한숨을 쉬며 말했다.

"조금 전에 말씀드린 대로 나에게는 남은 것이 아무것도 없습니다."

"그렇지만 한번 찾아봅시다. 부인이 계십니까?"

"아, 네, 있고말고요. 정말로 좋은 여자입니다. 결혼한 지 30년이 다 되었는데 한 번도 나를 떠난 적이 없습니다."

"네, 좋습니다. 그것을 종이에 적으십시오. 자녀는 몇이나 됩니까?"

"셋입니다. 아주 귀여운 녀석들입니다. 녀석들은 나를 사랑하고 있으며 항상 내 편입니다."

"그것도 적으십시오. 친구들은 있습니까?"

"몇 명 있습니다. 참 좋은 친구들입니다. 그런데 그들은 나를 돕겠다고 말하고 있습니다만, 다 소용없습니다. 그들이 나에게 무슨 도움을 줄 수 있겠습니다."

"좋습니다. 당신은 어떤 잘못을 범한 적이 있습니까?"

"없습니다. 저는 언제나 양심을 지키려고 노력했습니다."

"그래요? 당신 건강은 어떻습니까?"

"자랑할 만합니다. 앓아눕거나 병원에 간 적이 없습니다."

"좋습니다. 그러면 미국에 대해서 어떻게 생각하십니까?"

"내가 살고 싶은 나라는 미국 밖에 없습니다."

"종교를 가지고 있습니까?"

"네. 교회에 다니고 있습니다."

"좋습니다. 이제 당신이 적은 것을 큰 소리로 한번 읽어봅시다."

"나에게는 사랑하는 아내가 있다.

언제나 내 편인 아이들이 있다.

우정이 돈독한 친구들이 있다.

깨끗하고 떳떳한 양심이 있다.

자랑할 만한 건강이 있다.

기회의 왕국인 미국에 살고 있다.

신앙을 가지고 있다."

읽기를 끝내자 빈센트 필 박사가 큰소리로 외쳤다.

"아니 당신 여기에 들어올 때는 아무것도 가진 것이 없다고 했잖아요. 그런데 지금 읽은 것은 무엇입니까?"

그 남자가 부끄러움 섞인 미소를 지으며 말했다.

"아, 그렇군요. 제 사정이 생각하고 있는 것만큼 나쁘지 않군요. 이것을 가지고 새 출발을 할 수 있을 것 같습니다."

이처럼 대부분의 사람들은 이미 가지고 있는 것에 대해서는 잘 생각하지 못한다. 우리는 이미 많은 것을 가지고 있음에도 평소에는 이런 사실을 전혀 인지하지 않는다. 가지고 있는 것이 98%임에도 불구하고, 가지고 있지 않은 2%를 어떻게 하면 손에 넣을 수 있을까 고민하며 발버둥 친다.

필자의 경우도 마찬가지였다. 불과 몇 년 전만 하더라도 이미 가진 것에 대해서는 전혀 감사하지 않은 채, 원하는 것을 가지게 될 날만 학수고대하며 살았다. 하지만 사업 실패라는 쓴 약을 통해 '감사'에 대한 깊은 울림을 느끼며 나는 조금씩 변했다. 위의 50대 초반 남자처럼, 몇 해 전 새로운 사업을 벌이다가 크게 실패한 적이 있었다. 그야말로 가지고 있는 모든 재산을 잃었다. 그해 12월 2주 동안은 기거할 집이 없어 사무실에서 숙식을 하며 라면으로 끼니를 때웠다. 아내와 아이들은 간단한 가재도구만 가지고 이 집 저 집 옮겨 다녔다. 처음 한동안은 거의 눈물로 밤을 지새우며 도대체 어디서부터 무엇이 잘못되어 이 지경까지 왔는가 생각하고 또 생각했다. 그러던 어느 날 "아, 그동안 내가 목적 없는 삶을 살아 왔구나"라는 생각이 머릿속을 스치고 지나갔다. 나는 내가 누구인지, 왜 이 지구별에 왔는지, 인생이 무엇인지에 대해 전혀 생각한 적이 없었다. 그저 강물이 흘러가는 대로 살았다. 나름대로 물살에 잘 편승하면서 장애물도 잘 피했다고 생각했지만, 어디로 흘러가고 있는지도 모르는 채 그저 그렇게 살아온 것임을 절감한 것이다.

순간 "이런 처절한 고통이 없었더라면, 지금의 각성이 있었을까? 더 늦기 전에 지금이라도 깨닫게 된 것이 다행스럽고 참으로 감사하지 않은가?"라는 생각이 들었다. 나는 이제부터 어떤 삶을 살아야 할까? 며칠을 생각한 끝에 앞으로는 무엇을 위해 살아야 할지를 발견했다. 그것은 '세상 모든 이들이 진정 가슴 뛰는 삶을 살 수 있도록 도우는 것'이었다.

인생에서 가장 어둡고 힘들었던 시기에 평생에 걸쳐 이루어야 할 나의 사명을 발견한 것이다. 생각이 여기에 이르자 나는 세상에서 중요한 것들을 이미 다 가지고 있음을 깨달았다. 무조건적인 사랑을 주시는 어머니, 사랑하는 아내, 소중한 아들과 딸, 평생을 함께 할 친구들 그리고 건강하고 장애가 없는 건강한 몸……

그날 이후부터 지금까지 필자는 매 순간을 감사하는 마음으로 살아가고 있다. 필자의 인생은 크게 '감사하는 마음 없이 산 인생'과 '늘 감사하는 마음으로 사는 인생' 이렇게 둘로 나뉜다. 이는 필자의 인생에 가장 큰 영향을 준 중요 터닝 포인트 중 하나가 바로 감사이기 때문이다.

모든 것에 감사하라. 기뻐하면 기뻐할 일이 모이고, 감사하면 감사한 일이 모여 든다. 매 순간 고마워하면 고마운 것이 넘쳐흐른다. 행복을 부르면 더 큰 행복이 찾아오고, 불행을 부르면 더 큰 불행이 찾아드는 법이다.

바위와 같은 물질부터 인체의 세포, 사람의 느끼는 감정과 생각에 이르기까지 우주의 모든 것은 진동한다. 인체는 다양한 리듬을 가지는 진동 에너지로 구성되어 있는데, 사람이 내는 진동 즉 주파수는 그 사람의 생각이나 느낌을 그대로 전파한다. 다른 사람을 사랑하고 있는 사람은 사랑의 주파수를 내보내고, 어떤 것에 대해 감사하는 사람은 감사의 주파수를 내보낸다. 부정적인 감정을 가지고 있는 사람은 당연히 부정적인 주파수를 내보내게 된다. 주파수는 주변 분위기와 사람들에게 영향을 미친다. 주파수는 같은 값끼리 공명하며 배수의 값을 가진 주파수와도 서로 공명한다. 다시 말해 유사한 것끼리는 서로 끌어당겨 반응을 일으킨다는 것이다.

여기서 반응은 공명한다는 뜻이고, 공명하는 것끼리는 증폭되어 에너지를 생성한다. 따라서 감사하는 마음과 사랑하는 마음을 가득 가지면, 감사하고 사랑을 느낄 수 있는 일들이 더 많이 더 자주 찾아와 건강하고 행복한 삶을 살게 된다. 영혼 역시 풍요로워진다.

감사를 많이 하는 사람은 언제나 더 새롭고 큰 감사를 할 수 있는 상황을 맞이한다. 하지만 증오나 불만, 슬픔을 마음에 품으면 이와 똑같이 우울한 세계를 끌어들이는 결과를 낳게 된다. 스스로를 감사의 상태에 두지 못하면, 새로운 것이 삶 속으로 들어올 수 없다. 미국의 저명한 방송인 오프라 윈프리의 표현을 빌리자면 마치 모자를 쓰고 머리 손질을 하지 못하는 것과 같은 것이다. 이미 가지고 있는 것에 감사하지 못하면 새로운 어떤 것도 들어오지 않는다.

『감사의 힘』의 저자인 데보라 노빌이 실제 겪은 이야기는 감사가 감사를 부른다는 사실을 알려준다.

데보라는 피츠버그에서 회의에 참석하고 뉴욕으로 돌아가기 위해 공항으로 갔다. 수속을 마치고 비행기에 탑승하려는 순간 출발이 취소되었다는 안내 방송이 나왔다. 그녀는 뉴욕으로 돌아가 생방송을 진행해야 하는데 비행기가 뜰 수 없다는 것 때문에 굉장히 마음이 초조하고 불편했다. 하지만 심호흡을 하며 속으로 "감사합니다!"라고 외쳤다. 그러나 동시에 "대체 무엇이 감사하단 말인가?" 하는 생각도 들었다. 그녀는 열심히 생각한 끝에 한 가지 핑계를 만들었다. "감사합니다. 살려 주셔서 고마워요!"라는 생각을 한 것이다. 비행기 표를 환불하느라 녹초가 된 직원에게도 "고마워요. 신속하게 대처해 주셔서. 비행기에 문제가 있는 것 같은데, 이륙했다가 사고라도 났다면 끔찍했겠지요!"라는 위로의 말을 건넸다.

그녀는 할 수 없이 다음 비행기를 예약하고 이동하려는데, 자신의 바로 앞줄에서 환불을 받았던 회사원들이 카페테리아에서 햄버거를 먹고 있다가 그녀에게 이런 이야기를 꺼냈다. 자기들은 뉴욕 외곽에 있는 개인 제트기를 예약했는데, 혹시 같이 가길 원하면 이 번호로 연락을 달라며 명함을 하나 주었다. 생전 처음 보는 사람들이 아무런 대가도 바라지 않고 도와주겠다고 제안을 한 것이다. 한 번 더 감사할 일이 생긴 것이다. 그러나 방송국의 윤리규정에 어긋나 정중히 거절했다. 다른 비행기를 타기 위해 게이트까지 한참을 걸어갔는데, 이번에는 빈 좌석이 단 하나도 없었다. 하지만 그녀는 "그래도 여기까지 와서 좌석이 없다는 것을 알게 되었잖아, 운동도 충분히 했고"라고 생각하며 다시 감사했다. 그 순간 한 승무원이 공지는 하지 않았지만, 뉴욕 인근으로 가는 다른 비행기가 있는데 딱 한 자리가 남았다고 하는 것이 아닌가? 승무원은 지금 그 비행기가 막 이륙하려고 하는데, 자신이 연락을 해서 출발을 지연시켜 주겠다고 친절히 말했다. 서둘러 해당 게이트로 이동해 그 비행기를 탔는데, 하필 화장실 바로 옆자리였다. 하지만 그녀는 그저 돌아갈 수 있다는 사실에 또 감사했다. 그런데 또 감사해야 할 일이 생겼다. 한 승무원이 다가오더니 짐을 가지고 따라오라고 하더니, 나지막한 목소리로 1등석에 빈 좌석이 있으니 거기 앉으라고 하는 것이 아닌가?

그 순간 그녀는 확신했다. 이 모든 행운은 불운이 겹치는 상황 속에서도 불평하지 않고 계속 "감사합니다!"를 반복한 덕분이라는 것을.

무엇에 감사해야 하는가?

"달릴 때마다 생각합니다. 살아 있어서 다행이라고."

2006년 3월 12일 '서울국제마라톤대회 겸 제77회 동아마라톤대회'에 출전한 김황태 씨는 이날 10번째로 마라톤 풀코스에 도전했다. 양팔이 없는 1급 장애인인 그는 이 대회에서 3시간 5분 5초의 기록을 세웠다. 시민들의 응원이 큰 힘이 되었다고 한다. 그는 2000년 8월 전선 가설 작업 중

22000볼트 고압선에 감전돼 양팔을 잃었다. 당시 의사는 생명을 건진 것만 해도 다행이라며 위로의 말을 건넸다.

그런 그를 다시 일으켜 세운 것은 마라톤이었다. 2003년 2월부터 시작한 마라톤은 생활의 중심이 됐다. 팔이 없어 균형을 잡기가 쉽지 않았지만, 몸을 뒤뚱거릴수록 더 열심히 달려야 한다며 자신을 채찍질했다. 이를 악물고 연습한 끝에 8개월 만에 풀코스를 뛸 수 있었다. 덕분에 체중 감량에도 성공하고 건강도 크게 좋아졌다. 이날 결승점에서 그를 기다리던 부인은 누구보다 자랑스러운 남편을 안으며 함박웃음을 지었다. 고교 때 남편을 만난 부인은 "장애인은 안 된다"는 집안의 반대를 무릅쓰고 결혼을 했다. 혼인신고만 하고 살림을 차렸지만 한결같이 남편의 두 팔이 되어주었다. 남편이 건네주는 물을 마시지 못하고 달릴 때 마음이 아프다는 부인은 "마라톤에서 기쁨을 찾는 남편을 볼 때마다 기운이 난다"며 미소를 지었다.

삶은 선물이다. 우리의 삶, 생명 그 자체가 완전한 선물인 것이다. 삶을 선물이라는 시각에서 바라보면 세상이 달리 보인다. 우리는 삶 속에서 필요한 많은 것들을 공짜로 얻고 있다. 그럴만한 자격이 있어서가 아니라 단지 살아 있다는 이유만으로 하늘과 바다, 나무, 동물 등 세상의 만물과 연결되어 그들이 주는 혜택을 마음껏 누리고 있다.

우리는 평소에 그것을 인식하지 못하기 때문에, 이런 혜택이나 삶 내지는 생명 그 자체에 대해 감사하지 않는다. 사람의 심장은 하루에 10만 번

가량 뛴다. 몸속의 혈액은 하루에 약 2억 7천만 킬로미터를 달리고 하루에 숨 쉬는 횟수는 2만 3천 번이다. 일부러 수고를 해서 심장이 뛰고 혈액이 달리는 것이 아니다. 폐는 자기가 알아서 쉬지 않고 호흡한다. 이 얼마나 감사한 일인가? 하지만 우리는 가진 것에 대해서만 감사한다. 선물을 받았거나, 돈을 벌었거나, 새 자동차를 샀거나, 경기에서 이겼거나…….

흔히 사람들은 선물이라고 하면 무엇인가 특별한 것을 기대한다. 그러나 정말 중요한 선물은 이미 주어졌다. 지금 살아 있는 이 순간이 가장 큰 선물이다. 그 어떤 선물도 '현재'라는 선물보다 소중하지는 않다. 삶 자체가 현재라는 바탕 위에서만 가능하기 때문이다. 현재를 나타내는 'present'라는 단어에 선물이라는 뜻이 포함되어 있는 것도 이 때문이리라. 오늘 하루 나에게 주어진 삶이 그 무엇과도 바꿀 수 없는 대단한 선물이며, 얼마나 소중하고 값진 것인지를 깨닫는 순간 나의 삶은 달라질 수 있다.

고압선에 감전된 김황태 씨는 양팔을 잃는 정도가 아니라, 목숨을 잃을 수도 있었다. 하지만 다행히 살아남았고 지금은 이렇게 달릴 수까지 있게 되었다. 자신이 살아 있다는 것에 감사하라. 나에게 주어진 '지금 여기', '오늘 이곳'을 선물이라고 생각하라. 내가 살아 있다는 것, 그것이 가장 소중한 선물이며 기적임을 자각해야 한다.

그리고 또 한 가지! 자신이 사랑하는 주변 사람이 지금 살아 있다는 사실에 감사함을 느낄 수 있어야 한다. 그 사람은 부모님일 수도 있고 남편과 아내 그리고 형제, 자매일 수도 있다. 만약 당신이 세상에서 가장 사랑하는 사람을 다시는 볼 수 없다면 어떨까?

2001년 미국 뉴욕에서 발생한 9.11 테러 사연 중 하나를 소개한다.

어느 소녀가 세계무역센터로 보석 배달을 간 사이에 빌딩이 폭파되었다. 딸아이의 엄마는 무너진 빌딩 앞에 무릎을 꿇고 오열하며 하염없이 딸의 이름을 불렀다. 그때 딸아이가 피투성이가 되어 엄마를 부르며 앞으로 걸어오고 있었다. 아이의 엄마는 혹시 환영을 본 것이 아닌가 생각했지만 그녀는 점점 엄마에게 가까이 다가왔다.

엄마가 정신을 차리고 딸을 와락 끌어안았을 때, 그녀는 "엄마, 미안해. 보석을 다 잃어버렸어"라고 말했다. 이에 대해 그녀의 엄마는 너무나 기쁘고 감사한 마음으로 "아니다. 딸아! 네가 내 앞에 살아 있다는 사실 그 하나만으로 엄마에게 가장 큰 선물을 준 것이다"라며 울먹이는 목소리로 말했다.

내게 소중한 사람들이 살아 있다는 것은 축복이다. 우리는 이 사실 하나만으로도 충분히 감사하지 않는가?

예전에 「꿍따리 샤바라」라는 노래로 한창 인기를 끌었던 '클론'의 멤버 강원래 씨는 불의의 교통사고로 하반신 마비가 되었다. 그 당시 어떤 기자가 한창 재활 훈련을 받고 있는 강원래 씨에게 이런 질문을 했다고 한다.

"지금 가장 이루고 싶은 소원이 있다면 무엇인가요?"

"단 한 번만이라도 두 다리로 서서 걸을 수 있으면 정말 소원이 없겠습니다."

보통 사람이면 두 다리로 서고 또 걸을 수 있는 것이 지극히 당연한 일이겠지만 하반신이 마비된 그에게는 평생의 소원이 된 것이다. 지금 이 책을 읽고 있는 독자 여러분은 어떤가? 지금 두 다리로 걸을 수 있는가? 밖에서 들려오는 소리를 들을 수 있는가? 세상을 볼 수 있는 두 눈을 가지고 있는가?

또 하나의 사례로 전신 화상을 입어 온몸이 성한 곳이 없는 이지선 씨의 이야기를 살펴보자. 『지선아 사랑해』를 통해 그녀는 누구보다 행복하게 살고 있다고 말한다.

"저는 짧아진 여덟 개의 손가락을 쓰면서
사람에게 손톱이 얼마나 중요한 것인지 알게 되었고
1인 10역을 해내는 엄지손가락으로 생활하고 글을 쓰면서
엄지손가락을 온전히 남겨주신 하느님께 감사했습니다.

무엇이든 여과 없이 눈으로 들어가는 것을 경험하며
사람에게 이 작은 눈썹이 얼마나 필요한 것인지 알았고
막대기 같이 변한 오른팔을 쓰면서
왜 하느님이 관절이 모두 구부러지도록 만드셨는지,
손이 귀까지 닿는 것이 얼마나 중요한 일인지 깨달았습니다.
온전치 못한 오른쪽 귓바퀴 덕분에
귓바퀴라는 게 귀에 물이 들어가지 않도록

하느님이 정교하게 만들어 주셨다는 사실을 알게 되었고,

다리에서 피부를 많이 떼어내 절뚝절뚝 걸으면서는

다리가 불편한 이들에게 걷는다는 일이

얼마나 힘든 것인지 느낄 수 있었습니다.

무엇보다도 건강한 피부가 얼마나 많은 기능을 하는지,

껍데기일 뿐 별것 아니라고 생각했던 피부가

우리에게 얼마나 소중한 것인지 알게 되었습니다.

이제는 지난 고통마저 소중하게 느껴집니다.

그 고통이 아니었다면 지금처럼 남들의 아픔에

진심으로 공감할 가슴이 없었을 테니까요.

그 누구도, 그 어떤 삶에도 죽는 게 낫다는 판단은 옳지 않습니다.

힘겹게 살아가는 우리 장애인들의 인생을 뿌리째 흔들어 놓는

그런 생각은, 그런 말은, 옳지 않습니다.

분명히 틀렸다고 말하고 싶습니다.

몸은 이렇지만 누구보다 건강한 마음임을 자부하며

이런 몸이라도 전혀 부끄러운 마음을 품지 않게 해주신

하느님을 찬양하며,

이런 몸이라도 사랑하고 써주시려는 하느님의 계획에 감사드립니다.

저는 이렇게 삽니다. 누구보다 행복하게 살고 있습니다."

이지선 씨는 몸은 장애를 가지고 있지만 누구보다 건강한 마음임을 자부하며 행복하게 살고 있다. 불의의 사고로 양팔을 잃은 김황태 씨도 달릴 때마다 살아 있음에 감사한다고 했다. 나의 몸이 정상적이고 크게 아픈 곳이 없다는 사실 그 하나만으로도 참으로 감사한 일이지 않은가? 아인슈타인은 세상을 사는 데 두 가지 방법이 있다고 했다. 하나는 "기적이란 없다"고 믿는 것이고, 다른 하나는 "모든 것이 기적"이라고 믿으며 사는 것이다. 당신은 어떤 선택을 하겠는가? 하루하루를 힘들고 어려워하며 불평을 입에 달고 사는 삶과, 매 순간 감사하며 기뻐하는 마음으로 살아가는 삶 중에서 하나를 고르라면, 당신은 어떤 삶을 살고 싶은가?

사람들은 흔히 큰 사고를 당하고 나면 그때의 일을 안타까워하며 스스로를 질책한다.

"오늘 그곳에 가지 않았다면 어땠을까?", "5분만 늦게 나왔어도 어땠을까?", "그에게 전화를 걸지 않았다면 어땠을까?" 그러나 무사히 지나간 새털 같은 날들을 떠올리며 아무 일이 없었던 일상을 감사하지는 않는다. "오늘 사고가 났다면 어땠을까?", "갑자기 지나가던 차가 나를 치었다면 어땠을까?", "저 간판이 내 위로 떨어졌다면 어땠을까?" 등의 생각은 대부분 하지 않는다. 물론 애써 이런 부정적인 상황을 생각할 필요는 없다. 하지만 해가 뜨고 달이 지고 다람쥐가 쳇바퀴를 도는 것 같은 일상의 평범함을 우리는 감사해야 한다.

필자에겐 중학생인 아들과 초등학생인 딸이 있다. 현재 초등학교 1학년인 딸이 네 살이었을 때 아들이 실수로 쏜 장난감 총에 눈을 맞은 일이 있었다. 장난으로 바닥을 향해 쏜 총알이 바로 옆에 있던 딸아이의 눈에 정통으로 날아간 것이다. 급히 연락을 받고 의사에게 데려가 진찰을 받았다. 그런데 의사는 최악의 경우 실명이 될 수도 있다고 말하는 것이 아닌가. 나와는 아무 상관없다고 생각했던 불상사가 내게 일어나다니. 순간 눈앞이 노래지면서 가슴이 철렁 내려앉았다. 의사는 일단 병원에 입원해서 경과를 지켜보자고 했다. 아내 앞에서는 애써 담담한 척 했지만 만약 실명이라도 한다면 아이의 인생이 어떻게 될까 하는 생각에 여간 걱정되는 것이 아니었다. 그런데 다행히 이틀 정도 지났을 무렵 치료만 잘하면 괜찮을 거라는 진단이 나왔다. 그래도 마음을 놓을 수는 없었지만 최소한 실명은 면했다는 안도감에 가슴을 쓸어내렸다. 지금도 그때를 생각하면 참으로 다행이라는 생각이 든다. 만약 의사의 말처럼 최악의 상황이 생겼다면, 어찌할 뻔 했을까?

별 탈 없이 또 하루를 보내는 지극히 평범한 일상이 얼마나 감사한지 이제는 안다. 하루에도 수없이 일어날 수 있는 위험 속에서 오늘도 무사히 지낼 수 있었던 것에 감사해야 한다. 그런데 우리는 우리에게 이미 주어진 것이나 일상적으로 누리는 것에 대해서 너무도 '당연하게' 생각한다. 작은 일에 감사하는 마음을 잘 가지지 못한다. 다음에 소개하는 어떤 특별한 실험은 바로 이 점을 상기시켜 준다.

어느 작은 동네에서 한 달 동안 특별한 실험을 했다.

동네 각 집에 매일 만 원씩을 아무런 조건 없이 나누어 준 다음, 그 결과를 관찰해 보는 것이었다. 첫째 날, 집집마다 들러 만 원씩 놓고 나오는 그를 보고 사람들은 제정신으로 하는 행동인지 의아해 하면서도 멈칫멈칫 나와서 돈을 집어 갔다.

둘째 날도 거의 비슷한 일이 벌어졌다. 셋째 날, 넷째 날이 되자 그 동네는 만 원씩을 선물로 주고 가는 사람의 이야기로 떠들썩했다. 신기하기도 하고, 고마운 마음이 들기도 했다. 두 번째 주가 되었을 때 동네 사람들은 현관 입구에 나와 돈을 나눠 주는 사람을 기다리게 되었고, 그 소문은 이웃 마을까지 퍼졌다.

셋째 주가 되자 마을 사람들은 더 이상 그 이상한 사람이 와서 돈을 주는 것을 신기하거나 고맙게 생각하지 않았다. 넷째 주가 되자 매일 만 원씩 돈을 받는 것이 마치 세끼 밥을 먹고 세수하고 출근하는 것 같은 일상사가 되어 버렸던 것이다.

드디어 실험이 끝나는 한 달의 맨 마지막 날. 실험을 계획했던 사람은 평소와는 달리, 마을 사람들에게 돈을 나눠 주지 않고 그냥 그 골목을 지나갔다. 그러자 이상한 반응들이 터져 나왔다. 여기저기서 투덜대고 화를 내기 시작했다. "우리 돈은 어디 있습니까?", "오늘은 왜 내 돈 만 원을 안 줍니까?"라고 따져 묻기까지 했다. 마을 사람들이 매일 만 원을 받는 일은 어느새 당연한 권리가 되었던 것이다.

우리는 시간이 지날수록 가진 것에 대해 감사한 마음을 느끼지 못하는 경우가 많다. 모든 것은 늘 곁에 있어야 하며, 당연히 내가 가져야 하는 권리라고 착각한다. 우리는 태어날 때 계약서를 쓰고 태어나지 않았다. 내 심장이 70~80년 동안 아무 탈 없이 뛰리라는 보장은 어디에도 없다. 우리의 생명은 우리가 대가를 지불하고 구입한 물건이 아니다. 나의 몸조차도 온전히 내 것이라고 할 수는 없다. 따라서 내가 누리는 모든 것에 대해 항상 감사하는 마음을 가져야 한다.

어떤 상황에서도 축복은 있다

헬렌 켈러는 태어난 지 불과 1년 6개월 만에 큰 열병을 앓고 난 후, 눈도 보이지 않고, 귀도 들리지 않고, 말도 못하게 되는 그야말로 최악의 3중고를 겪게 되었다. 하지만 그녀는 "나는 나의 역경에 대해서 하느님께 감사한다. 왜냐하면 나는 역경 때문에 나 자신, 나의 일 그리고 나의 하느님을 발견했기 때문이다"라고 말했다. 만약 우리에게 헬렌 켈러와 같이 받아들이기 힘든 상황이 닥친다면 그때도 "감사합니다"라는 말을 할 수 있을까?

예를 들어 당신이 암 말기 환자이며 언제 죽을지 모른다고 가정해 보자. 그리고 암 방사선 치료를 받던 중 왼쪽 골반 신경이 끊겨 한 쪽 다리를 쓰지 못하는 상황이라고 하자. 당신은 이런 상황에서도 감사할 수 있는가? 이런 상황을 축복이라고 생각할 수 있는가?

그런데 생각조차 하기 힘든 이런 상황에서도 감사하며 사는 사람이 있다. 바로 영동세브란스 병원 암센터 소장인 이희대 교수다. 그는 현직 최고의 유방암 집도의지만 대장암 4기 환자이기도 하다. 그는 매일 먹는 항암제 때문에 장 기능에 문제가 생겨 하루에 수도 없이 화장실을 가야하고, 내장이 뒤집어져 순간순간 끝없는 고통을 겪어야 한다. 저녁에 누우면 침대가 푹 꺼지고 땅속으로 빨려 들어가는 듯한 기분에 끔찍하기만 하다. 내일 아침에 눈을 뜰 수 있을까 하는 두려움과 혼자라는 외로움이 물밀듯 밀려오기도 하고, 누워 있으면 머리카락이 쭈뼛쭈뼛 곤두선다.

그러나 그는 이 모든 일에 감사하며 산다. 암이 열 번 재발하고, 간과 뼈에도 암세포가 전이된 것을 감사한다. 한쪽 다리를 쓸 수 없는 절름발이가 되었어도, 다른 다리의 성함에 감사한다. 혼자 힘으로는 바지도 입을 수 없지만 그래도 살아있다는 데 감사한다. 다리의 통증 때문에 잠을 못 자고 앉아서 간신히 눈만 붙여도 감사한다. 그의 말처럼, 암 4기를 넘어 생명의 5기로 새롭게 태어나고 있으니까.

"암은 어쩌면 축복인지도 모릅니다. 못 보던 가족의 마음도 보이고 부부 간의 사랑도 더 깊어졌습니다. 암을 통해 잃었던 여러 가지를 보고 느낄 수 있었습니다. 일분일초의 가치를 가르쳐 준 암은 축복입니다."

이렇듯 이희대 교수는 최악의 상황에서도 감사하며, 자신처럼 암에 걸린 환자에게 희망과 용기를 주며 살아가고 있다. 앞서 소개한 이지선 씨의 경우는 또 어떤가?

우리는 그리 대수롭지도 않은 일에 발끈하거나 불평하는 경우가 아주 많다. 지금 사지가 멀쩡하고 건강한 몸으로 다이어트를 할 수 있다는 사실 그 하나 만으로도 참으로 감사하고 축복할 일이 아닌가?

감사를 실천하는 방법

세상에는 3가지 부류의 사람이 있다.

첫째, 전혀 감사하지 않고 살아가는 사람

둘째, 감사의 중요성을 알고는 있으나, 실천하지 않고 살아가는 사람

셋째, 매 순간 감사를 실천하며 사는 사람

당신은 어떤 사람인가?

감사의 중요성을 알고 있으나 실천하지 않는 사람과 매 순간을 감사하며 사는 사람은 인생의 성취나 만족감 등의 측면에 있어서 아주 큰 차이가 있다. 전혀 감사하지 않고 살아가는 사람은 논외로 하자. 지금 이 순간 필자는 글을 쓸 수 있는 정상적인 '손'과 '손가락'이 있으며, 내가 쓴 글을 온전히 볼 수 있는 '눈'이 있음에 감사한다. 또한 살아있으며 숨을 쉴 수 있음에 참으로 감사함을 느낀다. 당신은 지금 이 글을 읽을 수 있는 두 눈이 있다는 것과 지금 살아서 숨 쉬고 있다는 사실에 감사하는가? 지금부터 소개하는 감사의 방법을 일상 속에서 실천해 보라.

감사느낌

강철왕이자 인간관계의 대가인 앤드류 카네기는 '가장 쉬운 행복의 발견'이라는 글에서 행복을 찾는 공식을 소개하고 있다. 그런데 행복을 찾는 공식은

사실 '감사느낌 받기 공식'과도 같다.

　우선 자기가 가지고 있는 모든 것들의 목록을 만든다. 가족을 비롯해 자동차, 집, 통장, 직장, 건강 등을 전부 적는다. 그리고 이 모든 것들이 사라지고 상실되었다고 가정한다. 직장에서 쫓겨나거나, 암 선고를 받거나, 아이들이 교통사고를 당했다는 끔찍한 생각을 구체적으로 해본다. 마지막으로 사라졌던 그모든 것들이 다시 내 곁으로 돌아오고, 완전히 처음의 상태로 환원되었다고 생각한다.

　이러한 상상의 공식을 밟으면 현재 자신이 얼마나 행복한지를 느끼게 된다. 가족이 있고, 친구가 있고, 집이 있고, 직장이 있고, 건강한 것에 감사할 수 있을 것이다.

감사일기

　방금 소개한 '감사느낌 받기 공식'으로 잠깐 동안 감사하는 마음을 느꼈을지라도, 이 느낌은 어디까지나 순간적인 것일 뿐 오래가지 않는다. 감사하는마음은 습관화하는 것이 중요한데, '감사일기'를 쓰다 보면 저절로 몸이 익숙해질 것이다.

　감사일기는 매일 밤 잠자리에 들기 전, 어떤 이로부터 받은 소중한 무엇이나, 당신을 행복하게 해주는 것 그래서 당신이 감사하는 일들을 적어도 다섯 가지 이상 적어보는 것이다. 아주 평범한 일상적인 일에서부터 굉장히 큰 사건까지 모두 소재가 될 수 있다.

"오늘 친구가 자기는 이제 필요 없다고, 디지털 체중계를 줬다. 이에 감사합니다."

"그동안 운동을 열심히 했더니, 체중이 3킬로그램이 줄었다. 이에 감사합니다."

"저녁 6시 이후로는 물 이외에 아무것도 먹지 않기로 했는데, 지금까지 잘 지키고 있는 나 자신에 감사합니다."

또는 어느 날 문득 지금 내가 가지고 있는 것에 대한 감사의 마음이 떠오를 수도 있다.

"나는 지금 살아 있음에 감사합니다."

"나는 눈이 있어 볼 수 있음에 감사합니다."

"나는 지금 건강함에 감사합니다."

"나는 살아갈 집이 있음에 감사합니다."

"식이조절 한답시고 유난을 떨고 있지만, 너그러이 챙겨주시는 어머니가 계셔서 감사합니다."

이런 식으로 다 쓴 후에는 각각 3번씩 되뇐다. 우리는 자신의 부족한 점이나 아직 이루지 못한 것에 대해 지나치게 초점을 맞추는 경향이 있다. 그렇기 때문에 우리는 더욱 감사에 초점을 맞춰야 한다.

또한 감사일기를 쓸 때는 감사한 일들을 다양하게 생각해 항상 신선한 내용을 기록하는 것이 중요하다. 그리고 혹 반복되는 내용이 있더라도 그때마다 새로운 마음으로 감사하도록 한다. 각각의 감사가 어떤 의미가 있는지 글로 써

보며 그와 관련된 감정을 느끼는 것도 중요하다.

이 연습을 정기적으로 하면 그냥 지나칠 수도 있는 일상의 사소한 일에도 관심을 갖게 될 뿐만 아니라 새로운 관점에서 감사함을 발견하는 안목도 가질 수 있다.

캘리포니아 데이비스 대학교 심리학과 로버트 에먼스 교수의 연구에 따르면, 감사 연습은 실제로 사람의 기분을 고양시켜 주는 것 외에 신체적 건강을 증진시키고 에너지 수준도 올라가게 한다. 신경 근육증 환자의 경우, 팔과 다리의 고통과 피로를 감소시키는 효과도 있다고 한다. 그리고 이러한 효과를 경험한 사람들은 감사의 영역을 더 다양한 각도로 확장시켜 더 많은 감사를 하게 된다.

세계에서 가장 바쁜 사람 중의 한 명인 오프라 윈프리도 '감사일기'를 쓴다고 한다. 오프라 윈프리는 전 세계 1억 4000만 시청자를 울리고 웃기는 저명한 앵커이자 토크쇼 사회자이며, TV 프로그램 제작과 출판 및 인터넷 사업을 총망라하는 하포 그룹의 소유주이다. 이렇게 바쁜 와중에도 그녀는 하루 동안 감사하게 생각하는 것 다섯 가지를 매일 적는다. 감사의 내용은 간단하고 평범하다.

"아름다운 하늘을 볼 수 있어 감사합니다."

"아침에 눈을 뜨고 일을 할 수 있게 되어 감사합니다."

"좋은 책을 써 주신 작가에게 감사합니다."

이렇게 바쁜 오프라 윈프리도 매일 감사일기를 쓰고 있다. 우리도 당장 오늘부터 쓸 감사일기를 위해 예쁜 노트를 하나 장만하자.

감사방문

국내에서 『긍정심리학』으로 잘 알려진 펜실베니아 대학 마틴 셀리그만 교수는 감사를 느끼는 효과적인 방법으로 '감사방문'을 제안한다. 감사방문은 먼저 자신의 인생에 중요한 영향을 미친 사람을 생각한다. 그리고 그 사람이 내게 어떤 도움을 주었는지 내용을 정리하고 그 사람을 방문해 적은 내용을 소리 내어 읽어 주는 것이다. 1년 후 조사결과에 따르면, 감사방문을 한 사람들은 다른 사람들보다 행복해졌으며, 우울증 발병도 더 적은 것으로 나타났다. 우리 삶의 어느 시점에는 항상 우리를 올바른 길로 인도하고 지도해준 사람들이 있다. 가능하다면 스승이나 선배, 후원자, 조력자 혹은 동반자들에게 개인적으로 찾아가 감사함을 표현하도록 하라. 행복의 수치가 두 배로 높아지는 경험을 할 수 있을 것이다.

＊ 이제 '자존감 검사'를 지금 다시 한 번 해보라. 어떤 결과가 나왔는가?
(32 페이지 참고)

상상력으로 나를 새롭게 하라

이제 우뇌의 상상력을 이용한 심상화 기법을 활용하여 체중 감량이라는 1차적인 다이어트의 목표는 물론 궁극적인 다이어트의 꿈을 실현시킬 수 있는 방법을 살펴보자. 심상화 기법은 대체의학이나 스포츠 심리학, 학습, 창의성 계발 분야 등에서 널리 사용된다. 더불어 NLP기법을 활용하여 음식에 대한 욕구를 마음대로 조절할 수 있고, 평소 억지로 하던 운동도 즐겁고 의욕적으로 할 수 있는 방법을 살펴보자. NLP(Neuro Linguistic Programming, 신경언어프로그래밍)기법은 심리치료나 잠재력 계발, 스포츠, 비즈니스 분야 등에서 탁월한 효과를 발휘한다.

다이어트의 꿈을 실현시켜 주는 심상화 기법

성공한 사람들의 공통점은 끊임없이 자신의 미래상을 그리며 결국 그것을 실현한다는 점이다. 특히 스포츠 세계에서의 승자는 대부분 심상화 기법의 천재라고 할 수 있다. 골프 천재 타이거 우즈는 앞으로 칠 타구의 궤도를 머릿속에 선명하게 그린 후 타격을 한다고 한다. 따라서 그의 이미지 속에 실패란 존재하지 않는다. 최상의 장면을 머릿속에 지속적으로 그리다 보면, 현실에서 실제로 체험할 수 있다는 사실을 잘 알고 있었던 것이다.

잠재의식 활용하기

인간의 뇌는 각기 다른 기능을 가진다. 좌뇌는 몸의 오른쪽을 관장하며 분석적이고 논리적인 언어적 사고를 하고, 우뇌는 왼쪽을 담당하며 상상과 직감, 잠재의식 등을 주관해 종합적이고 전체적인 사고를 가능하게 한다. 21세기 최고의 화두가 되고 있는 상상력은 마음의 눈을 통해 이미지를 떠올리는 능력으로 우뇌와 관련이 깊다.

심상화 기법은 우뇌의 상상력을 이용해 자신이 소망하는 결과를 마음속에 그려보는 것을 말한다. 시각화 기법 혹은 멘탈 리허설이라고도 불린다. 원어로는 'Visualization'이지만 시각적인 이미지뿐만 아니라 오감을 총동원해 대상을 구상하고 상상하는 개념을 포함하고 있기 때문에 심상화라는 이름을 붙였다. 심상화 기법으로 원하는 모습을 생생히 떠올리면 우리의 뇌는 그 정보를 잠재의식 속에 새기고 자동으로 성공 프로그램을 만든다. 심상화를 통해 잠재된 의식을 무한히 활용할 수 있게 되는 것이다.

심상화는 명상, 호흡, 암시, 심상화의 순서로 하는 것이 좋다. 이 경우 명상이란 깊은 의미의 명상이 아니고 "눈을 감고 마음을 차분히 가라앉힌다"는 정도의 가벼운 뜻으로 받아들이면 된다. 호흡은 천천히 깊게 한다.

명상과 호흡을 함으로써 마음이 가라앉고 심신이 이완되면 사람은 자연히 좌뇌의 세계(베타파의 세계)에서 우뇌의 세계(알파파의 세계)로 들어간다. 현재의식에서 잠재의식의 세계로 들어가게 되는 것이다. 잠재의식의 깊은 곳은 이미지가 넘치는 세계다. 이 세계에 들어갈수록 선명한 이미지를 볼 수 있다.

우리는 심상화 기법으로 꿈의 청사진을 만들어 모든 에너지를 집중시키는 초석을 다진다. 또렷한 잠재의식은 가상을 현실로 만든다. 그러면 심상화 시 유의해야 할 사항들을 살펴보자.

첫째, 진정으로 간절히 원해야 한다.

심상화를 할 때 가장 중요한 점이라고 할 수 있다. 가슴속 깊이 원하는 것을 심상화하고, 그것을 떠올리는 것만으로도 가슴 벅차고 기쁨과 환희에 찰 때 심상화 기법은 가장 강력한 효과를 발휘한다. 하지만 주위 사람들의 기대를 충족시키기 위한 심상화는 효과가 반감될 수 있다.

둘째, 꿈이 이루어지는 장소를 현재로 가져온다.

원하는 것에 집중할 수 있는 열쇠는 꿈이 이루어지는 장소를 바로 지금 이곳으로 가져다 놓는 것이다. 미래에 일어날 일을 현재 지금 이곳에서 일어나고 있다고 상상하자. 지금 이 순간 방 안에서 피아노를 연주한다고 가정하자. 피아노가 여기 있는 것처럼 심상화해서 상상 속의 손을 피아노에 올리고 단단한 실체를 느껴보라. 이때 당신은 피아노를 연주하는 주인공이 되어 실제로 연주를 하고 있는 것처럼 느껴야 한다.

셋째, 이미 이루어진 것처럼 100% 확신한다.

원하는 것이 이미 실현되었다고 믿는 정도로는 부족하다. 원하는 것이 100% 실현되었다고 확신해야 한다. 여기서 확신이란 원하는 것이 실현되었다고 믿는 것이 아니다. 믿을 필요조차 없는 절대적인 믿음을 말한다.

예를 들어보자. 당신은 지금 이 책을 어디에 앉아서 보고 있는가? 의자에 아니면 바닥에? 아니면 서서 읽고 있는지도 모른다. 당신이 만약 의자에 앉아 있다면, 당신은 지금 의자에 앉아 있음을 믿는가? 의자에 앉아 있는 것이 너무도 당연해 대답할 가치조차 없을지도 모른다. 의자에 앉아 있음을 믿는 것이 아니라, 당연히 의자에 앉아 있기 때문이다.

원하는 것이 이미 이루어졌다고 100% 확신하는 것은 그 확신에 반대되는 요소가 나타나더라도 계속해서 확신함을 뜻한다. 그리고 또 하나! 원하는 소망이 실현되었을 때 얼마나 기쁘고 가슴이 벅찰지 생생히 느끼면서, 그것이 실제로 현실이 된 것처럼 마음껏 음미해야 한다. 이때 꿈이 이루어져서 감사하다는 마음을 담으면 더욱 효과적이다.

넷째, 의식적인 알파파 상태로 만든다.

원하는 것이 이루어졌다고 상상했다면 이제 가급적 몸을 움직이지 않은 채 의식은 있으나 약간 졸린 상태, 수면과 비슷한 알파파 상태로 들어간다. 이 상태는 잠재의식의 세계와 교감되어 심신이 이완된 상태라고 할 수 있다. 일반적으로 심상화의 효과가 가장 좋은 때는 밤에 잠들기 직전과 아침에 눈뜬 직후라고 하는 이유가 바로 여기에 있다. 이때가 바로 의식은 있으되 약간 몽롱한 알파파의 상태이기 때문이다.

이 상태가 되면 '실제 현실의 나'와 '원하는 상태가 되는 나'와의 괴리감이 사라진다. 두 상태가 완전히 동화되어 현실의 나를 의식하지 않고, 오직 원하는 장면 속에 있는 나의 느낌만이 존재하게 되는 것이다. 물론 반드시 이 상태가 되어야만 심상화의 효과가 있는 것은 아니다. 다만 이때가 가장 효과적이라는 얘기다.

다섯째, 긍정적인 자기 암시를 함께 한다.

긍정적인 자기 암시적 선언은 3부의 1장에서 소개한 EFT의 확언이라 할 수 있는데, 심상화 시 가장 갈망하는 상황을 확언과 함께 사용하면 더욱 효과적이다. 확언은 우리의 내면에 있는 잠재의식에 메시지를 보내는 것이다. 확언은 자극이며 자극은 곧 힘이다. 간절한 소망을 짧은 암시문으로 만들고, 그것을 3분 정도 암송하면서 원하는 것이 이루어졌다고 상상하면 그 과정에서 정신집중 현상이 일어난다.

확언은 의도적이지만 확언의 내용은 잠재의식 속을 파고 들어간다. 파고 들어간 확언의 내용은 다시 의식세계를 뚫고 나와 행동을 유발케 하는 원동력이 된다. 확언은 짧고 간단할수록 효과적이며, 반드시 부정문이 아닌 긍정문으로 만들어야 한다. 예를 들어 "나는 매일 살이 조금씩 빠지고 있다"라고 암시를 주는 게 아니라 "나는 날씬해지고 있다"라는 긍정문으로 암시를 주는 것이다. 전자의 경우가 부정적인 이유는 '살'이라는 단어를 사용했기 때문이다. 살이라는 단어 자체가 부정적인 의미를 내포하고 있으므로 날씬해지고 있다는 표현이 바람직하다.

여섯째, 자기 암시적 선언은 1인칭과 현재형으로 진술한다.

자기 암시적 선언은 반드시 1인칭으로 해야 한다. 모든 일은 내가 주체이고 나의 현재 상황에서 일어나야 하기 때문이다. "그녀는 매일 날씬해지고 있다"와 같은 선언은 안 된다. 또 "나는 55사이즈의 옷을 입는 몸매가 될 것이다"라고 한다면 평생토록 "될 것이다"로만 끝날 수 있다. 그러므로 "나는 55사이즈의 옷을 입는 몸매가 된다"라고 확언을 해야 한다. "나는 55사이즈의 옷을 입는 몸매가 되어가고 있다"라는 현재진행형도 좋은 방법이다.

상상력을 기르자

마음속의 이미지는 실제 이미지와 같을수록 좋다. 심상화를 할 때는 막연하게 이미지를 떠올리기보다는 선명하고 뚜렷한 그때의 느낌까지 재연하는 것이 바람직하다. 처음부터 선명한 영상을 만드는 것은 쉽지 않다. 일단 자기 집의 모습이나 깊은 인상을 받았던 영화, 잊지 못하는 추억 등을 떠올리는 연습을 한다. 조용히 눈을 감고 거실에 앉아 있는 자신의 모습을 상상해 보자. 벽면을 둘러보고 어떤 그림이 걸려 있는지 자세히 살펴본다. 카펫의 촉감도 느껴보고 TV소리도 들어본다. 모든 감각을 총동원해 자세히 느껴보자.

　마음을 고요하게 가라앉히고 원하는 것을 똑똑히 그린다. 확실히 정하지 않은 상태에서 이것저것 꿈을 꾼다면, 당신의 마음은 잡초가 무성한 밭과 다를 바가 없다. 자신이 가장 원하는 한 가지를 떠올려 그 대상에 마음을 집중한다. 원하는 바가 이루어진 상황을 영상으로 떠올리고 그 상황 속에 있는 자신의 모습과 만나본다.

　당신이 바닷가에 앉아 있다고 상상해 보자. 먼저 상상 속의 시각을 이용하여 드넓은 모래사장과 푸른 바다를 바라보자. 청각을 통해 잔잔한 파도소리도 들어보자. 촉각을 통해 뜨거운 햇볕으로 달구어진 모래 위에 발이 닿아 있음을 느껴보자. 기타 미각이나 후각의 경우에도 마찬가지다. 상상속의 대상이 맛이 있거나 냄새가 나는 대상이라면, 그대로 그렇게 재생해보도록 한다. 바닷가에 앉아 시원한 음료수를 마신다고 상상하거나 향내

가득한 꽃을 코에 대보자.

구체적인 재연을 위해서는 오감뿐 아니라 감정까지 몰입하는 것이 좋다. 즉 상상 속의 상황에 맞게 자신의 감정도 흘러가야 하는 것이다. 감정까지 그대로 느껴야만 완벽한 심상화가 될 수 있다. 따라서 보다 완벽히 하기 위해서는 남들로부터 방해 받지 않는 혼자만의 공간에서 조용히 마음을 가라앉힐 필요가 있다. 이는 마음을 가라앉힘으로써 잠재의식의 수용능력을 확대하고 상상력 또한 끌어올리기 위해서이다.

만약 심상화가 잘되지 않을 경우에는 한 눈으로 전체를 볼 수 있는 물건을 준비한 다음, 그것을 눈앞에 놓고 1분쯤 바라본다. 인형이나 시계, 꽃 무엇이든 좋다. 그런 다음 눈을 감고 그 물건의 모양을 생각하며 이미지로 떠올린다. 처음에는 흐릿하거나 부분적인 이미지만 떠올릴 수 있을지 모른다. 하지만 연습을 계속하면 차츰 이미지가 뚜렷해짐을 느낄 수 있을 것이다.

이제 이미지가 어느 정도 선명하게 떠오르면, 그것을 손에 들고 무게나 손에 쥔 느낌을 기억한다. 만약 냄새가 있다면 냄새를, 소리가 나는 것이라면 소리를 생각하며 전체적인 분위기를 느껴본다. 좋아하는 사람이나 동물, 재미있었던 일 등을 주제로 삼아 이미지를 그려보는 것도 좋다. 이렇게 반복하는 동안 서서히 이미지를 느끼는 힘이 강해지고 사물을 관찰하는 힘도 생긴다. 처음에는 "내가 이렇게 상상력이 없었던가?" 하는 생각이 들며 놀랄지도 모른다. 그러나 차츰차츰 꾸준히 연습하면 점차 좋아지게 된다.

심상화 기법의 효과

2005년 세계역도선수권 대회에서 우승한 장미란 선수. 그녀는 경기를 2달여 앞둔 시점부터 이미지트레이닝에 들어갔다. 명상 상태에서 눈을 감고 영화의 한 장면을 그리는 것처럼, 자신이 참가할 경기의 내용을 이미지로 떠올렸다. 경기대에 올라가서 어느 정도 걸어가고, 역기를 어떻게 잡고 어떻게 들어올리고, 1차, 2차, 3차 경기는 어떤 방식으로 진행할지를 머릿속에 그렸다. 마음속으로 시나리오를 쓰기도 하고 직접 글로 옮겼다고도 한다.

1993년 8월 독일의 슈투트가르트에서 열린 세계육상선수권 대회 마라톤 종목에서 일본 여자육상 역사상 처음으로 아사리 준코 선수가 우승했다. 아사리 선수는 그해 1월에 열렸던 오사카 국제 여자마라톤 대회에서도 이미지트레이닝으로 우승할 수 있었다. 사실 아사리 선수는 그때 발 부상을 입고 있었다. 경기 전 아사리 선수는 마음이 가장 편안한 알파파 상태에서 구체적인 이미지를 떠올려 우뇌에 입력시켰다. 그녀는 실제 코스를 떠올리며 32km 지점 내리막길에서 앞서 가는 선수들을 제치고 선두로 나서는 이미지를 상상했다. 그런데 실제 경기에서 그녀가 선두에 나선 지점도 바로 그 지점이었다. 아사리 선수 자신의 말을 들어보면 다음과 같다.

"연습을 할 때는, 마지막까지 쭉 달려가서 골인을 하고 시상식에서 금메달을 목에 걸 때까지를 이미지 합니다. 머릿속의 저는 시상식을 할 때 1등 자리에 서 있었습니다."

가장 높이 나는 갈매기가 가장 멀리 본다는 말로 유명한 『갈매기의 꿈』의 저자 리처드 바크. 그는 원고를 가지고 수많은 출판사와 접촉했으나 번번이 거절당했다. 그래도 그는 "갈매기의 꿈은 반드시 세상 사람들에게 인정받는 날이 온다"는 문장을 소리 내어 읽으며, 자신의 꿈이 이루어지는 상황을 계속해서 상상했다. 그로부터 9년 후 『갈매기의 꿈』은 세계 20여 개국에 번역 출간되어 1천만 부 이상이 팔린 베스트셀러가 되었다.

의료계에서도 '사이몬톤요법'이라고 불리는 심상화 기법을 사용해 효과를 보고 있다. 사이몬톤요법은 미국의 방사선 종양 학자인 칼 사이몬톤 박사가 처음으로 시작한 방법이다. 사이몬톤 박사는 포트워즈에 암 요양소를 개설하고 있었는데, 이 요양소의 환자 가운데 말기 후두암을 앓고 있는 61살의 노인이 있었다. 그는 후두암 증상이 심해서 음식을 삼키기도 어려운 상태였다. 그 노인은 살아남을 수 있는 확률이 5%도 채 되지 않았고 체중도 41킬로그램에 불과했다.

사이몬톤 박사는 그 환자에게 방사선 치료를 하면서 심상화 기법을 함께 지도했다. 우선 암의 모양을 되도록 선명하게 이미지 한다. 그리고 활발한 면역계의 작동이 암세포를 차례차례 공격해 건강한 세포만 남아 있는 모양을 강력하게 이미지 하도록 시켰다. 하루에 여러 차례 이미지를 그리도록 하자, 단 2개월 만에 극적으로 암의 모든 징후가 사라졌다고 한다. 이 노인이 치료를 받는 동안에 이미지 했던 자기의 증상을 그림으로 그린 적이 있었다. 사이몬톤 박사는 그 그림을 보고 암세포 종양의 크기와 모양이 정확한 것에 놀랐다. 사이몬톤 박사가 기계를 사용하여 보았던 것과 조금도 다르지 않았던 것이다. 이 사건이 사이몬톤 치료법의 계기가 되었다.

그는 이 치료법을 이미지요법(imagination therapy)이라고 불렀다. 그는 여기서 힌트를 얻어 더 이상 치료법이 없는 159명의 말기 암 환자에게 이미지요법을 시행했다.

사이몬톤 박사가 실시한 암 환자를 위한 이미지요법의 내용은 다음과 같다.

- 암세포를 이미지 하라. 이때 암세포는 엉성한 것으로 그려라.
- 암세포를 잡아먹는 NK(자연 살해) 세포를 이미지 하라. 이때 NK세포는 먹성이 좋은 악어로 이미지 하라.
- 암세포를 발견한 NK 세포가 암세포를 마구 잡아먹는 것을 이미지 하라.
- 암 덩어리의 크기가 점점 줄어드는 장면을 이미지 하여 마지막으로 암이 없어지는 장면을 이미지 하라.
- 환자가 병원에 가서 진찰을 받고, X-선도 찍고, CT도 찍었는데 의사는 암이 완전히 없어졌다고 선언하는 장면을 이미지 하라.
- 환자는 기분이 좋아 날아갈 듯한 장면을 이미지 하라.
- 환자가 집으로 돌아와서 암이 깨끗하게 없어졌다는 사실을 알리고, 이때 가족들은 일제히 박수를 치면서 환호하는 장면을 이미지 하라.
- 환자는 새로운 각오로 회사에 다시 출근하는 장면을 이미지 하라.

이와 같이 암 환자에게 이미지요법을 실시한 결과, 이미지요법을 한 그룹은 수명이 2배로 연장되었고, 암이 완전히 소실된 경우가 22.2%나 되었으며 50%는 삶의 질이 향상되었다고 한다.

이미지요법 즉 심상화 기법을 활용한 난치병 치료 사례들은 우리 안에 이미 이러한 치유 능력을 실질적인 도구로서 갖추고 있음을 알려준다. 이 능력은 우리가 쓰려고 결심하기만 하면 언제든지 사용할 수 있다.

다이어트 '드림보드'

심상화 기법을 활용한 '드림보드'는 다이어트의 1차 목표인 체중 감량을 넘어 다이어트의 꿈을 실현시키는 데 도움이 된다.

1단계 - 보드 준비

90×60센티미터 정도의 코르크 보드를 준비한다. '맨 위에 ○○○의 다이어트 꿈'이라고 쓴다.

2단계 - 이상형 사진 준비

잡지나 인터넷을 통해 자신이 가장 이상적이라고 생각하는 사람의 전신사진을 구한다. 수영복을 입고 있는 것이 좋다. (다이어트의 '목표'에 해당)

3단계 - 자신의 '꿈'을 표현할 수 있는 사진 준비

역시 잡지나 인터넷을 통해 자신이 꿈꾸는 가장 이상적인 모습의 사진을 구한다. (예 : 1부에서 요가학원을 차리는 것이 꿈이었던 정씨의 경우, 요가학원에서 수강생을 지도하는 광경이 담긴 사진을 구함)

4단계 - 자신의 얼굴 사진으로 교체

2,3단계에서 구한 사진의 얼굴 부분을 자신의 사진으로 교체한다. 2단계 사진을 중앙에 배치하고 3단계 사진을 그 주변에 붙인다.

5단계 - 구체적인 실천 방법 설정

* SMART법 적용
   S - Specific 구체적으로
   M - Measurable 측정가능
   A - Agreed upon 동의
   R - Realistic 현실적인가
   T - Timely 명확한 기한

(예 : 요가학원이 꿈인 정씨의 경우
   S - Specific 요가학원 차리기
   M - Measurable 체중을 어느 정도 감량할지 결정
   A - Agreed upon 내가 진정 원하는 것인지 확인
   R - Realistic 현실적으로 실현 가능한 목표 설정
   T - Timely 꿈을 실현할 시기 결정)

6단계 - 목표를 달성했을 때 얻는 이득

자신의 꿈을 최종적으로 달성했을 때 이득(최종결과)을 작성해서 붙인다.(자신뿐 아니라 자신이 사랑하는 사람들에게도 어떤 도움이 될지를 생각하면 더욱 바람직함)
동기부여 = 성공 확률 × 매력도

7단계 - 구체적인 실천 계획

1주일, 1개월, 6개월, 1년 그리고 3년(최종목표)의 목표를 설정한다.

※ 중간 목표를 세우는 이유   1. 도중에 목표가 달성되면 자신감이 생긴다. 작은
　　　　　　　　　　　　　 성공 경험이 모여 최종 목표를 달성할 수 있다.
　　　　　　　　　　　　　2. 자신의 페이스를 파악해 궤도 수정이 가능하다.
　　　　　　　　　　　　　3. 구체적인 행동을 취하기 쉽다.

8단계 - 잘 보이는 곳에 '드림보드'를 부착하고 수시로 바라봄

가장 눈에 띄는 장소에 보드를 붙이고 수시로 바라본다. 그리고 이 보드를 사진
으로 찍어 책상 위나 화장실, 수첩, 지갑 속에 넣고 다니며 긍정적인 자기암시를
반복한다.

(예 : "나는 이제 55사이즈 옷을 입는 몸매가 되고 있다."

　　　"내 꿈은 최고의 타이밍으로 실현되고 있다."

　　　꿈이 실현되었을 때의 기분이나 감정을 충분히 느끼는 것이 중요하다)

처음 1단계를 시작으로 마지막 8단계까지 거치면, 자신의 1차적인 목표인
체중 감량과 다이어트의 꿈이 실현되는 것으로 구성되어 있다. 그런데 위
의 8단계에서 "나는 이제 55사이즈 옷을 입는 몸매가 되고 있다"고 선언
을 했는데, 마음 깊은 곳으로부터 이런 꼬리말이 올라올 수 있다. "내가 지
금 77사이즈인데, 과연 이렇게 한다고 55사이즈 옷을 입을 수 있을까? 그
야말로 꿈같은 소리지!" 충분히 그럴 수 있다. 하지만 이 꼬리말을 그대로
두면 심상화의 효과가 나타나지 않는다. 이때는 앞서 배운 EFT를 활용해
꼬리말을 지우는 것이 중요하다.

　가슴 압통점을 문지르거나 손날점을 두드리면서 "나는 비록 심상화를
하면 77사이즈 몸매에서 55사이즈 몸매로 바뀔 수 있다는 것을 받아들이

써니의 다이어트 꿈!!

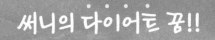

목표 감량 **10kg**
1. 1달 - 1kg
2. 10개월 - 10kg!!!

1. 자신감 회복
2. 건강 회복
3. 가족들의 사랑 확인!

S specific
M measurable
A agreed upon
R realistic
T timely

지 못하지만, 그럼에도 불구하고 나 자신을 온전히 받아들이고, 깊이 사랑합니다!"라고 말하는 것이다. 그래도 계속 의구심이 들면 다시 가슴 압통점을 문지르거나 손날점을 두드리면서, "나는 비록 심상화를 하면 77사이즈 몸매에서 55사이즈 몸매로 바뀔 수 있다는 것을 여전히(혹은 지금도) 받아들이지 못하지만, 그럼에도 불구하고 나 자신을 온전히 받아들이고, 깊이 사랑합니다!"라고 말해보라. 그러면 비록 나의 의식은 "이렇게 한다고 꿈이 이루어질까?"라는 의구심 때문에 받아들이지 못할지라도, 무의식은 위의 선언문대로 스스로를 온전히 받아들이고 깊이 사랑하게 된다. 결국 의식이 무의식을 움직여 꿈을 이루어 주는 것이다.

'드림보드'를 만들어 심상화를 하게 되면, 싱크로니시티(synchronicity, 의미있는 우연의 일치)가 자주 발생하게 된다.

P양은 다이어트 심상화를 한지 이제 2주째 접어든다.

어느 날 그녀는 퇴근하고 집에 가는 길에, 이번에 새로 오픈한 헬스클럽을 보며 생각했다.

"이번에 꼭 다이어트에 성공해야지. 이 헬스클럽에 일단 한 달 등록하는 거야!"

이윽고 집에 도착해 초인종을 누르고 룸메이트인 친구 S양이 나오기를 기다렸다. 그런데 문이 열리자마자 그 친구는 P양에게 이렇게 얘기했다.

"퇴근하는데 새로 오픈한 헬스클럽에서 30% 할인권을 주더라고, 그래서 두 장 받아왔지, 너랑 같이 가려고."

"아니! 내가 방금 헬스클럽 등록하려고 마음먹은 걸 어떻게 알았어?"

"그게 아니라, 실은 나도 오늘부터 다이어트하려고 결심했는데, 그냥 너도 같이 하면 좋을 것 같아서 받아온 건데……."

또는 다음과 같은 경험을 할 수도 있다. 내로라하는 외국인 기업체에 다니는 30대 초반의 A양. 모든 것이 완벽한 그녀는 딱 하나 때문에 늘 속이 상한다. 다름 아닌 체중 때문이다. 그녀는 이번에는 마음을 단단히 먹고 꼭 다이어트에 성공하리라 결심한 후 심상화에 돌입했다. 다이어트 '드림보드'를 열심히 쳐다보고 심상화를 하기 시작한지 한 달째. 어느 날 그녀는 우연히 한 여성 포털사이트의 이벤트에 응모를 하고, 덜컥 런닝머신에 당첨이 된다. 기쁘고 신기한 마음에 퇴근 후 매일 열심히 운동을 했다. 그런데 런닝머신으로 운동한 지 한 달쯤 되었을까, 초등학생 조카가 런닝머신을 가지고 놀다가 덜컥 기계를 망가뜨린 게 아닌가! 아쉬운 마음을 안고 다른 방법을 강구하고 있는데, 친한 친구 C양으로부터 전화 한 통을 받았다. 자기가 쓰던 헬스클럽 이용권이 3개월 남았는데, 혹 필요하면 가져가라고. 이런 신기한 우연이 겹친 일련의 사건들이 싱크로니시티에 해당한다. 심상화를 열심히 하면 당신도 이런 싱크로니시티를 경험할 수 있을 것이다.

물론 "이렇게 한다고 꿈이 이루어질까?"라는 의구심을 가진 독자들도 있을 것이다. 그들에게 뇔르 C.넬슨과 지니 르메어 칼라바의 『소망을 이루어 주는 감사의 힘』에서 언급된 놀라운 실험 결과를 소개한다.

"우리가 방금 언급한 내용을 가장 잘 증명해준 것은 PEAR(Princeton Engineering Anomalies Research)에서 실시했던 실험이다. 1979년 프린스턴 대학 엔지니어링 스쿨의 전임 학장이었던 로버트 G. 존에 의해 설립된 PEAR 연구소는 '사물의 본질을 형성하는 데 있어 인간의 의식이 어떤 역할을 하는지에 대한 이해를 돕기 위한' 취지를 가지고 있었다. PEAR에서 실시한 실험 중, 컴퓨터 화면에 같은 수의 플러스(+)와 마이너스(-)가 임의로 나타나게 하는 실험이 있다. 컴퓨터 모니터 앞에 앉은 실험 대상자는 화면에 줄줄이 나타는 플러스와 마이너스를 특별한 생각 없이 주시한다. 다음 단계로, 실험 대상자는 컴퓨터를 향해 플러스나 마이너스 중 한쪽을 보다 많이 골라 낼 것을 지시한다.

그 결과 놀랍게도 실험 대상자가 바랐던 것처럼 컴퓨터 화면에는 플러스나 마이너스가 더 많이 나타났다.

우리는 주변의 사물을 인식할 때 주로 신체의 오감을 사용하기 때문에 감사의 파동처럼 눈으로 확인할 수 없는 힘은 잘 이해하지 못한다. 그러나 파동으로 측정할 수 있는 에너지는 물질에 선행한다. 모든 사물은 눈에 보이는 물질로 탄생하기 이전에 에너지의 형태로 존재한다. 에너지와 에너지는 서로 자유롭게 교류하며 시간과 공간에 얽매이지 않는다.

PEAR 연구원들은 실험을 진행하면서, 실험 대상자가 컴퓨터와 같은 방에 있는지 또는 지구 반대편에 있는지 결과에 전혀 상관이 없다는 사실도 발견했다. 실험 대상자들은 자신들이 얻고 싶은 결과에 의식을 집중하는 것만으로도 플러스와 마이너스를 생산하는 컴퓨터에 영향을 미칠 수 있었다. 현재와 미래라는 시공간을 뛰어넘는 능력이었다.

"인간의 의식은 외부세계의 사건이나 경험을 실제로 변화시키는 힘이 있다. 그리고 그 열쇠는 '감사하는 마음'이다."

위의 실험 결과는 인간의 의식이 시간과 공간을 초월해서 컴퓨터에 영향을 주고 있음을 보여준다. 이는 인간의 의식이 무생물 집합체에 불과한 컴퓨터조차도 원하는 방향으로 이끌 수 있다는 뜻이다. 우리가 이루고자 하는 것을 강렬히 떠올리기만 한다면 원하는 것이 무엇이든 끌어당길 수 있음을 시사한다.

NLP 기법으로 감각을 재구성하자

눈앞에 레몬이 하나 있다. 색깔은 어떠한가? 촉감은 또 어떠한가? 손가락으로 레몬의 표면을 살짝 눌러보자. 느낌이 어떤가? 이번에는 레몬을 반으로 자르자. 레몬의 속살이 보이는가? 어떻게 생겼는가? 냄새는 나는가? 그 냄새는 어떠한가? 마음으로 충분히 상상하고 느껴보라. 그리고 레몬을 두 손으로 살짝 눌러보라. 어떤 현상이 생기는가? 즙이 나오는가? 그 즙을 혀에 갖다 대고 맛을 보라. 어떤가?

독자 여러분들은 입에 침이 돌고 실제로 레몬 맛을 본 듯한 경험과 느낌을 가질 수 있을 것이다. 어떤 이는 처음에 레몬을 떠올리자고 했을 때, 이미 입 안에 침이 도는 것을 느꼈을 수도 있다. 레몬을 보지 않고 단지 상상만 하더라도 오감은 실제로 작동한다. 이처럼 우리는 언어를 통해 실제 경험 여부와 상관없이, 상상만으로도 원하는 결과를 만들어 낼 수 있다. 사실 우리의 두뇌는 상상과 실제를 구별하지 못한다. 레몬의 예는 아주 간단한 것으로, 우리는 NLP를 통해 훨씬 놀라운 결과를 만들어 낼 수 있다.

NLP는 Neuro Linguistic Programming의 약어로, 신경언어프로그래밍이라고 한다. 신경언어프로그래밍에서 '신경'이란 우리가 보고 듣고 느끼고 맛보고 냄새를 맡는 오감의 정신적인 전달 경로라 할 수 있는 신경계를 뜻한다. '언어'라는 단어는 우리의 마음, 즉 생각과 정서를 표현하며 이 속에는 행동이나 자세와 같은 비언어적인 표현 또한 포함된다. '프로그래밍'이란 단어는 컴퓨터 과학 분야에서 빌려온 것이다. 인간의 행동이나 의식 형성에는 체계적인 신경과정이 작용한다. 이는 인간이 의도한 바에 따라 자신의 무의식을 통제할 수 있다는 것을 의미한다.

한마디로 NLP는 우리가 보고, 듣고, 느끼는 주관적 체험을 어떻게 제어하고, 감각기관을 통해서 인지한 외부 세계를 어떻게 여과하여 재구성할 수 있는가를 다루는 것이다. NLP 기법은 심상화 기법보다 구체적이고 역동적이다. 그러면 NLP를 활용하여 어떻게 '음식조절'과 '운동에 대한 통제력'을 가질 수 있는지 살펴보자.

야채는 매력적이다

다이어트 실패의 주원인 중 하나는 '음식의 유혹'이며, 식욕은 인간의 본능적인 욕구다. '식도락'이라는 말이 있는 것처럼, 먹는 즐거움을 뿌리치기란 쉽지 않다. 그런데 대개 자신이 좋아하는 음식들은 다이어트에 도움이 되지 않는 경우가 많다. 그렇다고 싫어하는 음식을 억지로 먹는 것은 썩 내키지 않는다.

그런데 만약 다이어트에 좋지만 먹기 싫은 음식들이 어느 날부터인가 꺼려지지 않고 좋아진다면 어떨까? 이런 마법과 같은 일이 과연 가능할까? 그 해답은 '연상 이미지 세부감각 재구성 기법'(여기서의 이미지는 시각적인 것뿐만 아니라 청각, 촉각 등 오감을 뜻함)에 있다.

우리는 어떤 경험을 떠올릴 때 하나 혹은 그 이상의 감각들을 사용한다. 이를테면 시각, 청각, 촉각, 후각, 미각 등이다. 만약 우리가 이 모든 감각들을 사용해서 어떤 경험을 떠올리게 되면 그 경험의 영향력은 단 하나의 감각으로 경험을 떠올릴 때보다 훨씬 강력하다. 많은 감각들을 사용해서 경험을 떠올리면 그 경험의 생생함이 느껴지고 당신의 반응은 더욱 강력해진다. 그리고 이런 감각들은 그 하위에 보다 세세한 요소들을 가지고 있다. 이 하위의 세세한 감각들을 NLP에서는 '세부 감각(submodalities)'이라고 부른다.

눈으로 보는 시각적 경험은 그것이 밝은지, 어두운지 혹은 칼라인지, 흑백인지에 의해 좌우된다. 어떤 이미지는 3차원 혹은 평면으로 보일 수 있으며, 움직이는 영화 또는 정지된 화면으로도 보일 수 있다. 그 장면은 명확할 수도 희미할 수도 있으며, 바로 옆에 있는 것처럼 또렷할 수도 있다. 청각적인 관점에서 보면 소리의 톤이 낮을 수도 높을 수도 있고, 시끄럽거나 부드러울 수도 있다.

사실 우리가 배운 모든 인간의 행동은 우리가 들어가 있는 감정 상태의 결과이고, 그 감정 상태는 우리의 내부표현, 즉 머릿속에 무엇을 그리고 자신에게 무엇을 말하는가에 의해 창조된다.

마치 영화감독이 영화의 메시지를 효과적으로 전달하기 위해 관객에게 줄 수 있는 효과를 바꾸는 것처럼, 우리도 인생에서 자신에게 줄 수 있는 경험의 효과를 바꿀 수 있다. 감독은 카메라의 각도, 음악의 종류와 소리의 크기, 움직임의 양과 속도, 영상의 칼라와 질을 바꿔, 관객에게 전하고 싶은 감정을 창출한다. 우리도 자신만의 특정한 목표나 필요를 뒷받침하는 행동이나 감정을 만들어 내도록 두뇌를 감독할 수 있다.

그럼 지금까지 자신이 먹었던 음식에 대한 마음속 경험 구조를 한번 살펴보자. 여러 음식들 중에서, 자신이 좋아하긴 하지만 다이어트에 좋지 않은 음식을 떠올려 보자. 예를 들어 초콜릿 케이크를 좋아하는 경우라면 이 이미지는 아주 생생하고 세세하게 3차원 컬러로 바로 눈앞에 떠오를 것이다. 이번에는 자신이 별로 좋아하진 않지만 다이어트에 유익한 음식을 떠올려 보자. 몸에 좋은 버섯 같은 야채류를 생각하면, 이 경우 그 이미지는 시야의 구석진 곳에 침침한 흑백사진처럼 떠오를 것이다.

이제 우리는 이 두 종류의 음식을 떠올렸을 때, 머릿속에 떠오르는 이미지의 세부감각들을 원하는 방식으로 재구성해 바람직한 방향으로 변화시킬 수 있다. 좋아하긴 하지만 다이어트에 도움이 안 되는 초콜릿 케이크를 작고 어둡고, 흑백이고, 평평하고 멀리 있는 것으로 변화시켜 마음속에서 덜 매력적인 것으로 바꿀 수 있다. 한편 자신이 싫어하지만 다이어트에 도움이 되는 야채류와 과일은 크고 밝고, 3차원적으로 선명하게 변화시켜 마음속에서의 매력도를 증가시킬 수 있다. 이를 그림으로 도시해 보면 다음과 같다.

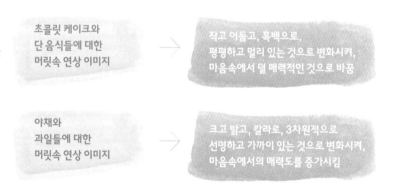

우리의 뇌는 본능적으로 즐거운 것을 추구하려는 성향이 있다. 자신이 싫어하지만 다이어트에 도움이 되는 야채 등에 대한 이미지를 초콜릿보다 훨씬 더 매력적인 것으로 만들어 놓으면, 앞으로의 행동에 변화를 줄 수 있다.

이 연습을 반복하면 자신의 식습관에 즉각적이고 자동적으로 영향을 미쳐, 다이어트에 도움은 되지만 싫어하는 음식들을 억지로가 아니라 자연스럽게 먹을 수 있게 된다. 이제 당신은 다이어트에 도움이 안 되는 초콜릿 케이크는 싫어지게 되며, 다이어트에 도움이 되는 야채는 자연스럽게 좋아지게 될 것이다.

참조로 매력적이라고 생각되는 대상과 매력적이지 않다고 생각되는 대상에 대한 경험의 '세부감각'을 예시하였다.

매력적이라고 생각되는 대상에 대한 경험의 '세부감각'

크기	밝기	거리	색상	선명도	차원	보이는 형태	소리
크게	밝음	가까이	칼라	선명함	3차원	전체를 조망하는 느낌	소리와 말 동반, 풍부함, 조화로움, 사방에서 들려 옴

매력적이지 않은 대상에 대한 경험의 '세부감각'

크기	밝기	거리	색상	선명도	차원	보이는 형태	소리
작게	어두움 침침함	멀리	흑백 흐린칼라	희미함	2차원	지엽적 사진틀 속	소리와 말 없음, 들리는 경우라도 한 방향에서 작게

물론 사람마다 매력적인 대상에 대한 세부감각은 어느 정도씩 차이가 있다. 이때 자신에게 특히 매력적인 세부감각을 알아내서 적용하는 것이 중요하다.

이 '연상 이미지 세부감각 재구성 기법'은 이미 많은 사람들이 실제로 적용하여 효과를 보았다. NLP의 전제 중에 "누군가 할 수 있는 일이라면, 다른 사람도 배울 수 있다"는 말이 있다. 이처럼, 지금 이 책을 읽는 여러분도 이 기법을 활용하여 성공적인 결과를 얻을 수 있을 것이다.

그럼 이제 '연상 이미지 세부감각 재구성 기법'으로 좋아지게 된 야채류 등과 같은 음식을 즐거웠던 경험과 결부시켜 보자. 방법은 간단하다. 자신이 지금까지 경험한 일들 중에서 가장 즐겁고 기쁜 사건을 3~4가지 떠올린 다음, 그 경험에 지금 이 음식에 대한 느낌을 추가하는 것이다. 가령 새로 좋아진 음식을 당근이라고 하고, 즐거웠던 경험을 3년 전에 떠난 친구들과의 2박 3일 여행이라고 해보자. 그리고 여행 중 가장 즐거웠던 때를 골라서 그 순간 당근을 아주 맛있게 먹는 장면을 상상해 보는 것이다. 이 과정을 계속 반복하게 되면 당근에 대한 긍정적인 느낌이 최고조로 끌어올려져, 당근이 더욱더 확실히 좋아지게 된다. 이 작업은 자신이 실제로 경험한 일들만이 아니라, 자신이 가장 즐겁고 기쁠 것이라고 생각되는 상황을 상상으로 만든 다음 진행해도 똑같은 효과를 가지게 된다. 우리의 두뇌가 상상과 실제를 구별하지 못함을 상기하라. 물론 심상화 기법에서 소개한 자신의 다이어트 꿈이 이루어지는 순간의 기쁨을 떠올려도 좋다.

하기 싫은 운동도 즐겁고 의욕적으로 할 수 있다

다이어트에 있어 '식이요법'과 함께 가장 중요한 것 중 하나는 '운동요법'이다. 거창하게 '요법'이라는 용어를 굳이 쓰지 않아도 운동이 다이어트에는 물론이고 건강에 중요하다는 것은 두말할 나위가 없다. 그러나 문제는 행동으로 실천하기가 쉽지 않다는데 있다. 운동을 하기 위해서는 어느 정도의 시간이 필요하며, 운동으로 효과를 보기 위해서는 지속적으로 꾸준히 할 수 있는 끈기와 부지런함도 수반되어야 한다. 하지만 많은 사람들이 다이어트는 물론 건강을 위해서 시간을 낼 계획은 세우지만 심장마비라도 경험하기 전까지 그 계획은 우선순위에서 밀리기 일쑤다.

그러면 마지못해 시간을 내어 억지로 운동을 하는 것이 아니라, 마음속으로부터 뜨거운 열정과 에너지가 넘치는 상태에서 운동을 할 수는 없을까? 이에 대한 해답은 NLP의 '동기강화 전략'에 있다. 동기강화 전략이란 어떤 과제를 수행하는 데 있어서 그 일을 성공적으로 완료할 수 있도록 만들어 주는 전략을 말한다. 우리는 이 전략을 활용하여 뜨거운 열정과 에너지가 넘친 상태로 운동을 할 수 있다.

대부분의 사람들에게는 스스로를 강하게 격려하고 동기부여를 해주는 '내적 음성'이 존재하지 않는다. 있더라도 많이 약한 상태다. 비단 다이어트뿐만 아니라 어떤 일을 시작하거나 도전할 때 자신의 내면에서 큰 환호성이나 박수갈채를 듣는 사람들은 거의 없다.

당신이 다이어트에 성공해 그 경험담을 많은 대중 앞에서 발표하기 위해 무대에 오른다고 가정해 보자. 당신이 무대를 향해 걸어가는 동안, "오

늘 너무 멋져요! 최고의 날이 될 거예요!”, “드디어 이런 무대에 서는 당신에게 한없는 경의를 표합니다”와 같은 멋진 찬사의 말과 함께 열화와 같은 환호성과 박수갈채를 받을 것이다. 무대로 향하는 동안 음악은 점점 더 커지고 빨라져 당신이 느끼는 흥분과 에너지도 최고조에 이르게 될 것이다.

　우리는 이런 모든 상황을 머릿속으로 그리고 느낄 수 있다. 뇌는 현실과 상상을 구분하지 못한다는 점을 기억하라. 위와 같은 상황이 실제이든 상상이든 이로 인해 내적으로 에너지가 충만하게 되는 것은 다를 바 없다. 우리가 어떤 일에 새로 도전할 때, 사람들로부터 이와 같은 환호성이나 박수갈채를 내면에서 들을 수 있다면, 경험은 보다 생생해지며 우리가 하는 일에 대한 흥미와 갈망도 더욱 커지게 된다. 우리 내부에 드라마가 없으면 외부 세상에서도 드라마는 일어나지 않는 법이다.

169

이와 같이 우리는 운동에 대해서도 우리 내부를 드라마로 만들 수 있다. 즉 운동을 성공적으로 마쳤을 때 얻을 수 있는 긍정적인 결과를 아주 드라마틱하게 연출함으로써, 운동에 대한 동기를 극적으로 높일 수 있다.

예를 들어 자신이 정한 과제가 '매일 아침 6시에 1시간씩 조깅하기'라면 이 과제를 성공적으로 마친 후 자신이 얻을 수 있는 긍정적인 결과를 그려 보는 것이다. 이때 하루하루 운동을 하는 과정이 아니라, 정해진 기간 동안 운동을 마치고 나서 얻게 되는 긍정적인 결과와 미래에 얻을 것이라고 기대되는 이득에 대해 모든 방면에서 생각해 보는 것이 중요하다. 해냈다는 자신감과 성취감, 자신에 대해 달라진 평가, 보다 긍정적인 대인관계, 회사에서 인정받은 능력, 건강한 몸과 정신, 스트레스 해소 등이 될 것이다. 이런 이득을 정할 때는 자신이 처한 특수한 상황과 기대에 맞춰 단지 떠올리는 것만으로도 가슴이 벅차오를 수 있는 것으로 하면 더욱 효과적이다.

운동을 하는 순간에도 이 과제를 성공적으로 수행했을 때, 자신이 얼마나 멋져 보이고 뿌듯할지 주의를 집중한다. '연상 이미지 세부감각 재구성 기법'을 음식 욕구 조절에 활용했듯이, 이 긍정적인 결과에 대한 이미지와 느낌을 변화시켜 본다. 이미지를 더 크고, 가깝게 그리고 보다 선명한 색상으로 만든다. 앞서 음식 욕구 조절 부분에서도 자신에게 '아주 매력적'으로 작용하는 세부감각에 집중하는 것이 중요하다.

"그래, 바로 이거야, 모든 것이 완벽해!", "나는 나 자신이 정말 자랑스러워!", "당신 그 일을 해내다니, 너무 멋져요!"와 같은 기분 좋은 소리와 격려하는 목소리 혹은 자신에게 매력적이고 강렬한 느낌을 만들어 주는 요소들을 첨가해 본다. 또한 "그래, 바로 이거야, 모든 것이 완벽해!", "나는 나 자신이 정말 자랑스러워!" 등과 같은 긍정적인 내적 음성을 듣는다. 이런 경험들에 대해 아주 강한 매력을 느끼게 될 때까지 계속 반복한다.

이와 같이 최종 결과가 가져오게 될 긍정적인 이득에 초점을 맞추고 그 경험을 극적으로 강화하게 되면, 과제를 실행하는 동안 설사 힘들고 지쳐도 더욱 꿋꿋이 열심히 하는 자신의 모습에 초점을 맞출 수 있게 된다. 댄 클라크의 저서 『죽도록 원하는가? 그러면 해낼 수 있다』에 언급된 좋은 사례 하나를 보자.

1980년 에릭 하이덴은 스피드스케이트 종목에서 다섯 개의 세계 신기록과 함께 다섯 개의 올림픽 금메달을 목에 걸었다. 올림픽에 열리기 전 4년 동안 그는 일주일에 6일을 하루 4시간씩 연습에 몰두했다. 그러나 살을 에는 추위 때문에 대부분의 훈련을 실내용 스케이트 연습 기계에 의존해야만 했다. ABC 방송 촬영팀은 이런 특이한 연습 장면을 카메라에 담기 위해 위스콘신으로 떠났다. 당시 카메라맨은 그의 믿을 수 없는 집중력과 의지력에 초점을 맞추었다.

하이덴의 근력과 절묘한 기술은 상상을 초월했다. 사람들은 그의 얼굴이 긴장으로 일그러져 있을 거라고 생각했다. 하지만 그의 얼굴에서 고통스럽거나, 불만스러운 모습은 찾아볼 수 없었다. 그는 오히려 웃고 있었다. 카메라를 의식해서였을까? 아니다. 그때 하이덴이 보고 있었던 것은 다섯 개의 올림픽 금메달을 목에 거는 자신의 모습이었다. 그는 연습하는 내내 금메달을 머리에 떠올렸다. 피곤함이 밀려올 때면 자신이 금메달을 목에 거는 순간의 기분을 상상했다.

에릭 하이덴은 4년 동안 하루 4시간씩 살을 에는 추위 속에서 맹연습을 했다. 그는 다섯 개의 올림픽 금메달을 목에 거는 자신의 모습을 매 순간 머릿속에 떠올리며, 그간의 엄청난 고통을 이겨낸 것임에 틀림없다. 최종 결과가 가져오게 될 긍정적인 이득에 초점을 맞추고 그 경험을 극적으로 강화한 NLP의 동기강화 전략의 효과와 일맥상통하는 사례라 할 수 있을 것이다.

제2부

지지그룹을 확보하라

누구를 곁에 둘 것인가?

다이어트는 1부에서 언급한 개인적 차원의 '의도와 감정적 측면'이 가장 중요하다. 그래서 사실 1부에서 다룬 '장애물을 넘어 새로운 나를 창조하라'에서 언급한 내용만으로도 다이어트에 성공할 수 있다. 하지만 성공이 장기적이고 평생토록 지속되기 위해서는 '의도와 감정적 측면'에서 접근한 방법만으로는 한계가 있다. 다이어트의 완전한 성공을 위해서는 개인의 내면을 다루는 '의도와 감정적 측면'과 함께, 외부적인 변수들을 통합적으로 고려하는 접근법이 필요하다. 통합 접근법은 문화적인 측면과 시스템적인 측면으로 나눌 수 있다. 문화적인 측면은 '지지그룹을 확보하는 것'이며 시스템적인 측면은 '환경을 새롭게 디자인하는 것'이다. '의도와 감정적 측면'과 '문화적인 측면' 그리고 '환경 시스템적인 측면' 이 모두 고려되어 통합적으로 진행될 때 비로소 온전한 성공을 기대할 수 있다.

에너지를 주는 사람들로 주위를 채워라

다이어트를 시작하면 열심히 노력하지만 체중계의 눈금이 꼼짝하지 않는 이른바 다이어트 정체기가 찾아온다. 이때 많은 사람들이 좌절감을 느끼고 포기하게 된다. 때문에 자신의 상황을 이해해 주며 격려해 줄 수 있는 누군가의 도움이 필요하다. 특별히 다이어트 전문가를 말하는 것이 아니다. 누구에게나 자신에게 기꺼이 힘이 되어 주는 사람이 몇 명은 있을 것이다. 늘 기댈 수 있는 언덕이 되어 주시는 부모님, 옆에 있는 것만으로 든든한 힘이 되는 친구, 흉금을 터놓고 이야기할 수 있는 직장 동료 등이 바로 그들이다. 그들과 함께 있으면 긍정적인 에너지를 받을 수 있다.

문제는 주변에 에너지를 채워 주는 사람들만 있는 것은 아니라는 점이다. 겉으로는 당신을 칭찬하는 척하면서도 날이 갈수록 날씬해지는 당신을 시기할 수도 있고, 당신이 먹지 않으려 하는 음식을 자꾸만 먹으라고 권할 수도 있다. 혹은 관심 수준을 넘어 나의 일거수일투족을 감시하듯 잔소리를 늘어놓을 수도 있다. 이런 사람들은 나의 에너지를 소진시키는 사람들이다.

　하지만 그들이 꼭 심술궂거나 심성에 문제가 있는 사람이라서 그렇게 하는 것은 아니다. 대부분의 경우는 단지 당신의 변화를 원하지 않을 뿐이다. 그들은 당신이 다이어트 중이라는 사실이 자신과의 관계와 생활 방식에 영향을 미칠지도 모른다고 생각한다. 그 변화가 두려워 당신을 받아들이지 못하는 것일 수도 있다. 물론 사전에 당신은 그들에게 다이어트를 하는 이유를 충분히 설명해야 한다. 하지만 이유를 충분히 설명했음에도 불구하고, 그들이 진실로 당신을 지지하지 않는다면? 그때는 비록 마음은 아프지만 그들과의 관계에 대해 심각한 고민을 해야 할지도 모른다. 이것은 마치 우리가 방사능이 있는 곳에 가면 자신의 의도와는 상관없이 방사능에 노출될 수밖에 없는 것과 같다. 사람으로부터 방출되는 에너지 또한 마찬가지다.

　지금 자신의 주변에 있는 사람들이 내게 에너지를 주는 사람인가 혹은 에너지를 소진시키는 사람인가. 나를 긍정적으로 자극하고 격려하며 진심으로 성공을 기원해 주는 사람인가? 아니면 반대로 에너지를 빼앗아가는 사람인가?

어떤 경우는 당신과 가장 많은 시간을 보내는 사람이 당신의 발목을 잡는 사람일 수도 있다. 그들은 비단 다이어트뿐 아니라 당신의 삶의 전반적인 부분에 엄청난 영향력을 행사하고 있는 지도 모른다. 진정 성공하고 싶다면 가장 오랜 시간을 함께 보내고 있는 사람들을 잘 살펴야 한다. 그럼 이제 당신의 에너지를 빼앗는 사람들은 어떤 유형의 사람인지 살펴보자.

첫째, 자존감이 낮은 사람은 늘 남과의 관계나 비교를 통해 자신의 가치를 인정받으려고 한다. 당신이 그동안 음식조절도 꾸준히 하고 운동도 열심히 해서 이전과는 다른 모습으로 나타났다. 그 때 그들은 "너 요즘 다이어트 열심히 하더니, 몰라보게 달라졌네! 그런데, 너무 살 빼는데 목숨 거는 거 아냐!"라고 말한다. 겉으로는 칭찬을 하는 듯하면서, 속으로는 "독한 것! 어지간히 애를 쓰는군!" 하고 생각할지 모른다.

자존감이 낮은 사람은 자신과 타인을 늘 비교하므로, 누군가가 자신보다 나아지는 모습을 보이면, 위기감을 느낀 나머지 이런 식으로 질투하기 쉽다.

둘째, 평소 운동도 열심히 하고 음식 조절도 잘하고 있을 때는 아무 말도 하지 않다가, 어쩌다 하루 운동을 빠뜨리고 인스턴트 음식을 먹기라도 하면 이러쿵저러쿵 비난을 하는 사람들이 있다. "한 며칠 잘 하더니, 결국 용두사미가 되는군! 옛날과 똑같네, 뭐!" 이런 식이다. 그들과의 대화는 긍정적인 방향으로 흐르지 않는다.

"요즘 OO 다이어트가 효과가 좋다던데, 너 해봤니?"

"아니, 안 해봤는데. 그런데 그게 뭐야? 그렇게 효과가 좋대?"

"그러니까 네가 안 되는 거야! 이렇게 정보에 어두워서 뭘 하겠니!"

셋째, 매사에 늘 불평불만을 일삼는 사람도 있다. 그들은 항상 "이건 공정하지 않아! 이건 불공평해!"라고 말한다. 그리 부족한 것이 없으면서도 다른 사람들이 모든 행운을 차지한다고 생각한다. "요즘 토요일에 일하는 회사가 어디 있다고, 우리 회사는 토요일마다 출근해야 되니 어디 여행이라도 마음대로 갈 수가 있나!"라며 불평을 한다. 요즘 같은 불경기에 회사에 다닐 수 있는 것만으로도 감사하는 마음은 전혀 찾아볼 수가 없다.

위와 같은 유형의 사람들은 나로부터 에너지를 빼앗고 부정적인 에너지를 유입시킨다. 이런 사람들을 만날 때는 자신의 에너지를 보존하거나 부정적인 에너지로부터의 영향을 최소화할 필요가 있다. 물론 완전히 관계를 끊는 것이 바람직하겠지만, 사람의 관계라는 게 어디 무 자르듯 그렇게 쉽게 끝낼 수 있는 것이던가! 부정적인 에너지는 사람뿐만 아니라, 어떤 사건이나 상황으로부터도 유입될 수 있다. 따라서 자신의 지배적인 에너지 수준을 항상 긍정적인 상태로 유지시키는 것이 무엇보다 중요하다.

부정적인 에너지에 노출되었다고 느껴지는 순간 에너지 수준을 긍정적으로 유지시키는 가장 강력한 방법 중 하나는 즉시 감사하기에 돌입하는 것이다. 이를테면, "이렇게 부정적인 에너지를 느낄 수 있는 감각을 가지고 있음에 참으로 감사합니다", "이렇게 또 다시 감사할 기회를 주셔서 참 감사합니다" 이런 식으로 긍정적인 생각에 집중함으로써 부정적인 감정을 상쇄할 수 있다. 오늘 하루 혹은 어제가 얼마나 좋았는지 행복한 감정을 충분히 느끼는 것도 좋은 방법이다.

또한 EFT를 하는 것도 한 방법이 된다. 가슴 압통점을 문지르거나 손날점을 두드리면서 EFT를 한다.

"비록 그가 나의 존재감을 죽이는 말을 해서 기분이 나쁘고 이로 인해 내게 부정적인 에너지가 유입되었을지라도, 나 자신을 온전히 받아들이고 깊이 사랑합니다."

이처럼 EFT를 하면, 부정적인 에너지로 인해 교란된 에너지 시스템을 바로잡고, 의도하지는 않았던 그 상황을 온전히 인정하고 받아들임으로써 부정적인 에너지를 중화시킬 수 있다.

가족과 친구의 도움을 받자

"나 이렇게 다이어트 할 계획이야!"

내게 에너지를 주는 사람들로 주변을 채우고, 그들에게 다이어트 한다는 사실을 널리 알려라. 다이어트를 하다 보면, 어느 순간 문득 혼자라고 느껴질 때가 있다. 하지만 나는 혼자가 아니며 나만이 이런 고민을 하고 있는 것이 아니라는 사실을 인지해야 한다. 물론 고민 자체를 누가 대신 해결해 줄 수 있는 것은 아니다. 그러나 자신의 삶에서 중요한 위치를 차지하는 사람들이 자신의 고민을 들어주고 지지해 주는 것은 문제 해결 여부를 떠나 큰 힘이 된다.

우리는 한 번쯤 자신의 말 못할 고민을 누군가에게 속 시원히 털어 놓았을 때, 가슴이 후련해지는 경험을 해보았을 것이다. 이런 해방감에서 오는 안도감은 다시 시작할 수 있는 힘을 준다.

다이어트 중에는 예기치 않는 장애물들이 생기게 마련이다. 이런 장애물을 넘어가야 하는 어려운 상황에서는 주변 사람들에게 이해를 부탁하라. 스트레스를 받거나 압도당하는 느낌이 들면 주저하지 말고 도움을 청하고, 직장에서나 집에서 변화를 헤쳐 나갈 에너지를 발산할 수 있는 상황을 조성하라. 이 경우 다이어트 결심을 공개하면 상황은 수월해진다. 다이어트 계획을 세우고 사람들에게 잘 보이는 곳에 붙여 놓는다.

가족과 합의하여 다이어트에 도움이 안 되는 고지방 음식이나 인스턴트 음식을 아예 집안에 들어오지도 못하게 한다면, 다이어트에 도움이 되는 환경을 조성하는데 더욱 탄력을 받을 수 있다. 직장 여성 중에는 오후 간식 시간에 주변 사람들의 눈치를 보느라 다이어트 중인데도 과자 몇 조각을 집어먹다가 나중에 다이어트에 실패했노라고 말하는 경우가 종종 있다. 남성들은 특히 술친구들에게 반드시 체중 조절에 돌입했다는 사실을 알리고 도움을 청하는 것이 좋다. 3개월간 술을 마시지 않는다고 친구들을 잃는 일은 결코 없을 것이다. 혹 이 때문에 떨어져 나가는 친구가 있다면 다시 만나지 않아도 괜찮을 사람이 아닐까?

다이어트는 한 번 시작하면 성공할 때까지 상당한 끈기와 인내력을 필요로 한다. 처음부터 끝까지 혼자서 이겨 내기란 쉽기가 않다. 차라리 다이어트 한다는 사실을 가족이나 친구, 동료에게 알리고 이번에는 꼭 해내고야 말겠다는 의지를 보이는 것이 좋다. 이렇게 당당하게 시작해야 나중에 힘이 들어 도중에 포기하고 싶을 때, 자신의 말에 책임을 가지고 끝까지 이겨낼 수 있을 것이다.

원하는 점을 분명히 말하라

주변 사람들로부터 도움을 받을 때는 참고할 지침을 미리 일러주는 것이 좋다. '해야 할 일'과 '해서는 안 되는 일'의 목록을 작성하여 미리 건네주라. 내가 다이어트에 돌입했다는 사실을 공개하는 동시에 주변 사람들에게 자신을 어떻게 도울 수 있을지 미리 가이드라인을 정하여 말해 주는 것이 도움이 된다. 사람들은 기꺼이 돕고 싶지만, 그 방법을 정확히 모르는 경우가 많다. 말하지 않아도 내가 필요로 하는 것을 다 알아서 해주리라 기대해서는 안 된다. 따라서 가이드 목록을 미리 작성해서 건네주는 편이 훨씬 효과적이다.

- 잘 진행되고 있는지 잔소리하듯 계속 묻지 말 것. 잔소리를 늘어놓고, 옆에서 달달 볶고, 설교하거나 부끄럽게 만드는 것은 도움이 안 되므로 인내를 가지고 기다려 달라고 얘기할 것.

- 한 번쯤 지키기로 한 약속을 어기거나 실수를 하더라도 비난하지 말 것.("아니, 또 그러고 있잖아. 나도 이제 더 이상은 못 참아!"와 같은 말하지 말 것)

- 내가 지쳐 보일 때는 격려해 줄 것.("지금 당장 변화하는 게 얼마나 힘든지 알아. 하지만 나는 지금 네가 최선을 다하고 있다는 걸 알아. 결과에 관계없이 내가 너를 아끼고 지지하는 마음에는 변함이 없

182

어!" 등과 같은 말 해주기나 따뜻하게 안아주기, 시원한 마사지를 해
주기 등)

• 이런 노력을 하는 내가 자랑스럽다고 말해줄 것.

• 부정적인 비평은 한 번, 칭찬은 세 번 이상 할 것. 정해진 규칙이나 하
기로 한 일들을 지키지 못하는 행동에 대해서는 질책할 수도 있으나,
힘이 되고 용기를 북돋우는 칭찬의 말을 최소한 부정적인 지적의 3배
이상은 해달라고 청한다.

예전 방식을 바꾸기 시작할 때 처음 며칠은 가장 힘들 수도 있다. 몇 주
가 지나지 않아, 혹은 며칠 만에 포기하고 싶은 마음이 들지도 모른다. 이
럴 때 힘이 되어 주는 것이 주변 사람들이다. 이 시기만큼은 그들에게 따
뜻한 관심과 도움을 직접적으로 요청하라. 지금 한창 다이어트 중인데, 솔
직히 좀 힘들다고 얘기하면 대부분의 경우 잘 이해해 줄 것이다.
간혹 힘이 되어 주기는커녕 관심도 없었다며, 가족에게 불만을 토로하
는 사람들도 있다. 하지만 그들의 가족에게 물어보면 얘기는 또 다르다. 그
들의 가족은 다이어트를 하는 동안 진심이 담긴 말로 자신들에게 어려움
을 말하는 것을 들은 적이 없다는 반응을 보인다. 그러면 다이어트의 당사
자는 가족에게 그걸 꼭 말로 해야 아느냐며 쏘아 붙인다. 진정으로 사랑
한다면 상대방의 마음까지 읽을 수 있어야 한다는 낡고 진부한 불평을 하

는 것이다. 만약 이런 상황이 발생했을 때는 당신의 애매한 태도에 문제가 있었을 가능성이 크다. 당신의 주변 사람이 가족이든 절친한 친구이든 누구든지 간에 내가 계획하는 바를 굳이 말하지 않아도 알아차릴 수 있다고 짐작해서는 안 된다. 위와 같은 애매한 상황이 발생하지 않기 위해서라도 그런 기대를 품기보다는 내가 먼저 나의 계획을 알려주도록 하자.

하나보다 둘, 둘보다 셋

두 사람이 힘을 합치면 산술적인 합계 이상의 시너지 효과가 나온다. 다이어트도 함께 할 경우 오래도록 지속할 수 있을 뿐만 아니라, 만족도도 훨씬 높다. 부부가 함께 건강한 식습관을 위해 노력한다면 훨씬 수월하게 성공할 수 있을 것이다.

잠자는 시간을 제외하고 함께 보내는 시간이 많은 직장 동료들과 함께 하는 것도 효과적일 수 있다. 다이어트에 중요한 비중을 차지하는 식이요법을 위해서는 어느 정도의 식사조절과 절제력이 필요한 때가 많으므로 혼자 조용히 하는 것 보다는 주변의 사람들을 잘 설득하여 함께 하는 것이 좋은 방법이 된다. 서로를 격려하고 선의의 경쟁을 유발해 다이어트의 효과를 높이자. 만약 누가 간식거리에 손을 뻗기라도 하면 서로 말리며 "우리 조금만 참자, 파이팅!"이라는 격려의 말을 해줄 수도 있다.

다이어트에 필수적인 운동의 경우도 마찬가지다. 달리기를 하든, 산책을 하든, 심지어 긴장을 풀게 해주는 간단한 호흡이나 스트레칭을 하더라도 혼자 하는 것보다는 애인이나 친구와 함께 하는 것이 훨씬 쉽고 재미있다. 주변 사람들에게 예전의 바람직하지 못한 라이프스타일을 건강하게 바꾸고 싶으니, 함께 운동을 하지 않겠냐고 청해보자.

더욱이 혼자 하는 운동은 쉽게 지치고 중도에 포기하기 쉬우니, 아예 처음부터 절친한 친구나 동료와 함께 할 수 있도록 재미있는 계획을 짜 보는 것은 어떨까! 학생이라면 학교에서 식사 전후, 등하교 시간을 이용하고, 직장인이라면 아침 일찍 조깅, 수영 등을 함께 즐기도록 하자. 이처럼 함께 하면 서로 격려도 되고 은근한 경쟁 심리가 발동해 더욱 열심히 매진할 수 있다. 그런데 가족이나 직장 동료와 식사조절부터 운동에 이르기까지 모두 함께 할 수 있는 상황이 아니라면, 운동만이라도 같이할 사람을 구해보자. 매일 꾸준히 운동하는 것만도 쉬운 일은 아니다. 하지만 '몇 시에 어디서 만나자'고 사전에 약속을 해놓으면 힘들고 귀찮아도 나갈 수밖에 없다. 이 경우 친한 친구보다는 약간의 거리감이 있는 사람과 파트너가 되는 것이 더 효과적일 수도 있다. 너무 허물없는 사이면 서로의 사정이나 편의를 봐주다가 지지부진해질 수도 있기 때문이다. 하지만 친한 친구 사이라 할지라도 다른 결과가 나올 수도 있으니 이 점에 대해서는 너무 개의치 않아도 될 것 같다.

만약 함께 할 사람이 없는 경우에는 애완동물과 함께 하는 방법도 있다.

"살을 빼고 싶을 때는 애완동물과 함께 운동과 다이어트를 하는 게 더 효과적이라는 연구 결과가 나왔다. 미국 시카고에 있는 노스웨스턴 의대의 로버트 쿠쉬너 박사는 전국 비만학술회의에서 "체중을 빼기 위해 주변 지지자를 찾는다면 집에서 키우는 애완동물 이상 없다"고 밝혔다.

쿠쉬너 박사 팀은 애완견과 주인 커플 36쌍, 사람 56명, 개 53마리 등 세 그룹을 대상으로 1년 동안 운동과 다이어트의 효과를 비교 분석했다. 1년의 실험기간 후 개와 사람 모두 체중이 빠졌지만, 애완견과 주인이 함께 운동 다이어트를 실시한 그룹이 힘들지 않고 즐거운 마음으로 동참했으며, 체중 감량 효과도 더 나은 것으로 나타났다.

전반적으로 사람들은 처음 4개월간 체중이 평균 11파운드(5킬로그램) 빠졌고, 8개월 동안 이를 유지했다. 개들은 음식을 달라고 마구 보채지 않았으며, 체중 감량 효과도 사람보다 더 나아 체중이 12파운드(5.4킬로그램)가 빠졌다. 쿠쉬너 박사는 애완견과 함께 하는 체중 감량법은 즐거움을 수반한다는 점에서 보통 불안감을 수반하는 다른 체중 감량 프로그램과 다르다면서 "이 실험에 참가한 사람들은 개와 함께 산보하고, 개의 식생활을 억제하는 이 프로그램을 하면서 즐거워했다"고 말했다."

_연합뉴스 (2004. 11. 17)

다이어트 관련 커뮤니티에 가입하라

미국 퍼듀대학교의 통계 자료에 따르면 그룹을 이루어 다이어트를 한 사람들이 혼자 다이어트를 한 사람보다 15개월 동안 체중을 30%나 더 감량했다고 한다.

가족이나 친구들 내지는 주변의 지인들과 다이어트를 함께 할 상황이 못 된다면, 새로운 관계를 만들 필요가 있다. 심리치료 분야만 하더라도 오늘날 가장 널리 이용되는 요법이 집단 요법이다. 집단 요법이 효과가 크다는 것은 여러 연구를 통해 밝혀진 바 있다. 동일한 목표를 가진 구성원들은 서로 문제를 공유하며 의논할 수 있고 또한 문제를 해결하는 다양한 방법을 들을 수도 있다. 또한 다른 사람의 독특한 경험을 통해서도 상호 작용하는 새로운 방법을 배우기도 한다. 이는 다이어트에서도 동일하게 적용된다. 다른 사람과 함께 하면 얻을 수 있는 유익함은 한두 가지가 아니다.

사람들과 함께 하는 방법은 간단하다. 자신이 거주하는 지역의 관련 단체를 이용할 수도 있고, 포털사이트를 이용할 수도 있다. 포털사이트에서 '다이어트'로 검색하면 관련 카페나 클럽이 셀 수도 없이 즐비한데, 이 중에서 자신이 성향이나 추구하는 바와 부합되는 커뮤니티에 가입하여 활동하는 것이다. 몇 명이 함께 모여 서로를 격려한다면 쉽게 그만두기 어려울 것이다. 모임에 속한 사람들 가운데 꾸준한 관리를 통해 효과를 본 사람이 있다면 신선한 자극을 받을 것이다. 서로의 행동을 모니터 해주거나 바람직한 일과 그렇지 않은 일을 비교 검토해 주고 필요하다면 도우미 역할을 할 수도 있을 것이다.

날씬한 친구와 함께 쇼핑하러 갔는데, 그 친구가 옆에서 자신만만하게 스키니진을 고르는 것을 지켜보는 심정이 어떤지 충분히 이해하는 사람

들로부터 지지와 격려 및 공감을 얻을 수도 있다. 나와는 다른 배경에서 자라온 사람들은 다이어트나 나아가 삶에 대한 부분에서도 새로운 관점을 제공해 줄 수 있다. 왜곡되었을지도 모르는 자신의 생각이나 말을 분명히 인식할 수 있고 여러 가지 정보들을 얻으며, 생각과 감정을 표현하고 공유할 필요가 있을 때 안전한 장소가 되어주기도 한다. 더 많이 웃고 그들과 친해지면서 새로운 우정이 싹트기도 한다. 같은 문제로 고민하는 사람들과 함께 하는 것은 변화하고자 하는 노력을 강화하고 어려운 순간을 헤쳐 나갈 힘을 주며 다이어트가 성공했을 때 누리게 되는 이점을 상기시키기도 한다.

때로는 당신에 대해 전혀 알지 못하는 사람, 오늘 처음으로 알게 된 사람이 그대가 찾고 있는 해답을 줄 수도 있다. 새로운 사람과 있을 때 우리는 스스로에게 더 정직하고 진실해질 수 있다. 자신에 대한 과거의 이미지를 유지하려고 애쓰지 않아도 되기 때문이다.

만약 어떤 도움이 필요하다면, 함께 하는 사람들에게 주저 말고 솔직히 도움을 구해보라. 도움은 전혀 예측하지 못한 방식으로 다가올 수 있다. 주변의 도움은 서로 간의 관계가 아주 살가운 관계든, 같은 문제를 지닌 사람들이 결성한 단체든 상당히 중요한 위치를 차지하며, 한 번 성공한 다이어트를 장기적으로 정착시켜야 하는 유지단계에서도 큰 힘을 발휘한다.

진행 상황을 보고하고 피드백을 받아라

가족이나 친구, 직장 동료 중에서 당신이 가장 신뢰할 만한 사람 한 명을 정해 자신의 진행 상황을 주기적으로 보고하고 피드백을 받도록 하자. 신뢰하고 믿을 만한 사람에게 진행 상황을 이야기한다는 것은 그 자체가 책임 의식을 강화시켜주고 의욕을 자극하는 효과가 있다. 뿐만 아니라, 그가 나의 진행 상황을 지켜보고 있다는 사실은 혼자가 아니라는 느낌을 줌으로써 심리적 안정감을 주기도 한다. 그리고 진행 중에 있을 수 있는 문제점에 대한 조언이나 새로운 관점에 대한 아이디어를 얻으면서 궤도를 이탈하지 않고 올바른 방향으로 나갈 수 있다.

만약 가족이나 지인 중에서 그럴 만한 사람이 없을 경우, 자신이 활동하는 커뮤니티에 자신의 진행 상황을 주기적으로 올리는 방법도 있다. 진행 상황을 올릴 때는 그때그때의 느낌과 상황을 자유롭게 올려도 무방하지만, 일정한 양식을 갖춰서 올리면 더욱 효과적이다.

이때 코칭에서 사용되는 '성실교도의'라는 양식을 활용하면 많은 도움이 된다.

성실교도의

성 : 지난 한 주간 성공한 것, 성취한 것, 만족한 것, 축하할 것은 무엇인가?

실 : 지난 한 주간 실망스러운 것, 아쉬운 것, 목표를 이루지 못한 것은 무엇
    인가?

교 : 지난 한 주를 통해 배운 교훈과 깨달음은 무엇인가?

도 : 새롭게 도전하고자 하거나, 도전 받고 있는 것은 무엇인가?

의 : 다음 주의 계획은 무엇인가?

이 '성실교도의' 양식을 이용하여, 주 단위 또는 월 단위로 자신이 설정한
목표와 의도에 맞게 다이어트를 진행할 수 있다. 다음은 '성실교도의'를 활용
한 한 예이다.

초기 목표　나는 2009년 4월 1일 부터 2009년 7월 1일 까지 체중 6킬로그램을 감
　　　　　량하겠다.

실행계획　• 3개월간 6킬로그램을 빼려면 한 달에 2킬로그램씩 감량해야 함. 한 달에
　　　　　　2킬로그램을 빼기 위해 하루에 약 500Kcal씩 적게 섭취하기로 함.(체지
　　　　　　방 1킬로그램이 7,700kcal의 열량을 소모함)
　　　　　• 하루에 약 500Kcal 적게 섭취하려면, 음식을 얼마나 줄일지 운동량을 얼
　　　　　　마나 늘릴 것인지 결정해야 한다.
　　　　　• 음식에서 400Kcal 줄이고, 운동으로 100Kcal 소모하기로 함. 음식
　　　　　　400Kcal는 평소 먹는 양 20% 정도 줄이는 것으로, 운동 100Kcal은 30
　　　　　　분 정도 빨리 걷기로 정함.(출 퇴근시 각각 15분 정도 빨리 걷는 것으로 함)

먼저 이번 주의 목표를 구체적으로 설정한다. 물론 실행 가능한 계획이어야 한다.

이번 주 목표   평소 먹는 양 20% 줄여먹기, 빨리 걷기 매일 30분씩.

성 : 지난 한 주간 성공한 것, 성취한 것, 만족한 것, 축하할 것.
　　→ 평소 먹는 양 20% 줄여먹기 잘 지킴.

실 : 지난 한 주간 실망스러운 것, 아쉬운 것, 목표를 이루지 못한 것.
　　→ 빨리 걷기 매일 30분씩 하기는 이틀 못 지킴.

교 : 지난 한 주를 통해 배운 교훈과 깨달음.
　　→ 음식 20% 줄여먹기는 대체로 지키기가 쉬웠으나, 매일 30분씩 운동(빨리 걷기)은 막상 하다 보니 쉽지 않았음. 이 경우를 대비해 점심시간을 활용하여 1주일에 4~5일, 20분 정도 운동(산책)을 하는 것이 좋겠음.

도 : 새롭게 도전하고자 혹은 도전 받고 있거나, 에너지를 빼앗아 가는 것.
　　→ 저녁에 친구들로부터 술 한잔 하자는 전화가 많이 옴. 어떻게 대처할지 고민! 당분간 피할지, 아니면 만남을 가지는 것이 좋을지 결정해야 함. 그리고 부득이 자리를 함께 할 경우 다이어트의 영향을 최소한의 줄이는 방법이 어떤 것이 있을지 연구할 필요가 있음.

의 : 다음 주 계획.
　　→ 평소 먹는 양 20% 줄여먹기는 그대로 계속하고 빨리 걷기 매일 30분씩 하기는 계속하되, 중간에 못하는 경우를 대비, 점심시간을 활용하여 1주일에 적어도 4일 이상 20분 정도 운동(산책)을 한다.

192

제3부

환경을 디자인하라

ERRC 방법론

    환경은 일종의 시스템이라고 할 수 있다. 환경은 앞서 살펴본 지지그룹과 마찬가지로 장기적인 다이어트 성공을 위한 중요한 고려 요소다. 일방적으로 주어진 환경에 수동적으로 따라가는 것이 아니라, 의도한 바가 이루어질 수밖에 없도록 환경을 디자인하는 것이 핵심이다.

    필자는 이런 환경을 디자인함에 있어 ERRC기법을 활용하였다. ERRC기법은 한때 엄청난 방향을 일으켰다. 김위찬 교수의 블루오션 전략에서 신 시장을 창출하는 하나의 기법으로 ERRC의 E는 Eliminate(제거), R은 Raise(증가), R은 Reduce(감소), C는 Create(창조)를 말한다. 다이어트 환경을 디자인하는데, 뜬금없이 경영학의 블루오션 전략을 거론하나 의구심이 들 수도 있겠지만, 환경을 디자인할 때 ERRC를 활용하여 기존에 해오던 일들을 '없애야 할 것', '더 많이 혹은 더 자주해야 할 것', '빈도나 횟수를 줄여야 할 것' 그리고 '새로이 시작해야 할 것'으로 재편한다면 보다 체계적으로 환경을 디자인할 수 있을 것이다.

제거 - 기존에 해 오던 일 중에서, 더 이상 하지 말아야 하거나 없애야
할 것

증가 - 기존에 해 오던 일 중에서, 더 많이 혹은 더 자주해야 할 것

감소 - 기존에 해 오던 일 중에서, 빈도나 횟수를 줄여야 할 것

창조 - 새로이 시작해야 할 것

제거 - 문제 환경을 원천 봉쇄하라

"매일 아침 6시 30분에 일어나 30분 동안 운동을 한다."

스스로에 대한 약속은 어기기 쉽다. 아침 일찍 일어나 운동을 하겠다는 이런 결심은 사실 해도 그만 안 해도 그만이다. 특별히 잔소리하는 사람도 없고, 창피를 당하는 것도 아니니 좀 피곤한 날이 있으면 "그냥 오늘은 쉬지 뭐!" 하고 넘어가 버리기 쉽다. 따라서 우리는 의도하는 바가 실행될 수밖에 없는 환경을 만들어야 한다. 이것이 가장 근본적이며 첫째로 꼽을 수 있는 '제거' 방법이다.

첫째, 의도하는 바가 실행될 수밖에 없는 환경을 만든다.

가령 자전거 여행 커뮤니티 모임에 가입을 하여 운동을 할 수 밖에 없도록 상황을 만들어 보자. 그것도 평회원이 아닌 총무로 말이다. 총무라면 모임 때마다 참석을 해야 한다. 자신이 빠지면 비용 지출 부분에 문제가 생기니 아주 부득이한 상황을 제외하곤 빠질 수가 없다. 커뮤니티의 주제

가 자전거 여행이니, 당연히 자전거를 많이 타게 되고 자연스럽게 운동을 많이 하게 돼 저절로 다이어트가 될 것이다.

우리는 의도한 바가 이루어질 수밖에 없도록 환경을 디자인함으로써, 보다 나은 결과물을 만들어 낼 수 있다. 그런데 실제 우리의 환경은 어떤가? 아침에 허겁지겁 일어나 식사도 거르고 회사에 출근해 점심시간이 되면 밤부터 점심 때까지 비어 있는 위를 채우느라 정신없이 먹어댄다. 냉장고는 온갖 인스턴트 음식으로 가득 차 있고 잔뜩 허기가 진 채 멋진 레스토랑에 가곤 한다. 이처럼 다이어트에 걸림돌이 되는 환경을 그대로 두고 습관만 바로 잡는 것은 궁극적인 해결책이 될 수 없다.

환경을 개선할 방법은 그야말로 무궁무진하다. 개개인이 지니고 있는 상상력을 동원하면 얼마든지 가능하다. 예를 들어 냉장고 문에 '정지'를 뜻하는 도로표지판 그림이나 "꼭 먹어야 되는지 다시 한 번 생각하자"라는 문구 정도만 붙여 놓아도 식욕이 당길 때 마다 한 번 더 생각하게 되므로 섭취하는 양을 조금이나마 줄일 수 있다.

둘째, 문제 환경을 애초에 만들지 않는다.

환경을 통제하는 데 있어 가장 강력한 방법이기도 하다. 인스턴트 음식과 같은 칼로리가 높은 음식은 냉장고에서 싹 치우는 것이 한 가지 방법이다. 당신이 심리적으로 안정이 되어 더 이상 음식으로 위안을 삼지 않게되었다 치더라도, 다이어트에 도움이 되지 않는 음식들이 눈에 보이면 언젠가는 손이 가게 마련이다. 이런 음식들은 비단 다이어트뿐만 아니라 건강에도 좋지 않다. "눈에서 멀어지면, 마음에서도 멀어진다"는 말이 있듯이 이런 음식들은 눈에 보이지 않지 않게 치워버리는 것이 상책이다.

아이들을 위한 간식거리를 어쩔 수 없이 구비해야 한다면, 눈에 잘 띄지 않는 후미진 곳에 두거나 냉장고의 가장 안쪽에 보관하도록 한다. 외관상으로 식욕을 돋우는 음식이라면 내용물이 보이지 않게 투명 랩 대신 알루미늄 호일에 단단히 싼 다음 스티커를 붙이고 음식 이름을 표시한다. 음식물의 내용물이 보이지 않게 하는 이유는 단순히 음식을 생각하는 것만으로도 사람은 배고픔을 느끼기 때문이다. 설령 손을 대지 않더라도 췌장은 슬그머니 인슐린을 분비하기 시작한다. 이 인슐린이 혈당치를 낮추어 공복감을 느끼게 하는 것이다. 따라서 아예 생각지도 못하도록 애초에 음식의 내용물이 안 보이게 처리하는 것이 바람직하다. 대신 건강에 좋은 음식은 눈에 쉽게 띄게 눈높이 위치에 보관하도록 한다.

셋째, 모든 그릇이나 접시는 작은 것으로 교체한다.

같은 양이라도 크기가 작은 그릇이나 접시에 먹으면 심리적으로 왠지 많이 먹었다는 느낌이 든다. 이는 숟가락도 마찬가지다. 찌개를 여러 사람이 함께 덜어 먹을 때는 따로 숟가락을 이용하게 되는데, 이때도 숟가락은 가급적 작은 것으로 사용하자. 개인 그릇을 사용하지 않고 그냥 떠서 먹으면 자신이 먹은 양을 가늠할 수 없기 때문에, 더 먹게 될 가능성이 있다. 물론 위생적으로도 개인 그릇에 덜어 먹는 것이 바람직하다. 하지만 야채와 샐러드를 담을 때는 큰 그릇이나 접시를 사용하는 것이 더 많이 먹게 되므로 큰 그릇이나 큰 접시 몇 개쯤은 보관해 두자. 만약 야채를 좋아해 큰 그릇이나 큰 접시도 많이 필요한 경우에는, 작은 그릇과 작은

접시가 먼저 눈에 띄도록 배치한다. 이는 통계적으로도 증명된 사실이다. 다음은 그릇이나 접시 등의 크기를 줄이면 살 빼는데 도움이 된다는 연구결과이다.

"최근 발간된 미국 의학전문지 '내과학보'에 따르면 6개월간 평균보다 작은 그릇을 사용한 당뇨병 환자 130명은 체중을 평균 1.8% 줄이는데 성공했으나, 보통 그릇을 사용하면서 일반적인 식이요법을 실시한 환자들은 몸무게를 0.1%밖에 줄이지 못했다. 연구를 진행한 캐나다 캘거리대학 페더슨 교수팀은 "환자들의 몸무게를 줄이는 데는 크기가 작은 그릇이 효과적이다. 그릇에는 과일과 채소를 많이 담게 하고 지방과 설탕, 소금은 적게 담도록 해야 한다"고 말했다.
강북삼성병원 가정의학과 박용우 교수는 "이 연구결과는 일반인에게도 해당된다. 일부 비만클리닉에서는 비만 환자를 위해 작은 밥그릇을 맞춤 제작해주고 있다"고 말했다. 한강성심병원 가정의학과 김미영 교수는 "우리나라 식기는 너무 크다. 밥그릇은 물론 반찬, 국 그릇 크기도 줄여야 한다"라고 말했다."

_코메디닷컴 (2009. 02. 15)

착시효과를 이용하는 방법도 다이어트에 도움이 된다. 동일한 길이의 선이라도 수평선과 수직선 중 수직선이 약 15~20% 정도 더 길게 느껴진다.

이 착시 효과를 우리가 주스나 와인 등을 마실 때 사용하는 유리잔에 응용하는 것이다. 즉 낮고 넓적한 유리잔 대신 높고 길쭉한 유리잔을 사용하면 자연스럽게 과음이 방지되는 효과가 있다. 작은 그릇이나 접시를 사용하고, 높고 길쭉한 유리잔을 사용하게 되면 과식하게 되는 식사 환경을 미연에 방지하는 효과가 있다.

넷째, 배고플 때는 식료품 쇼핑을 하지 않는다.

허기질 때 쇼핑을 하게 되면 식료품이 쌓인 통로부터 계산대까지 온통 당신을 유혹하는 것들이 널려 있어 쓸데없는 음식까지 사게 될 가능성이 크다. 일단 음식을 사서 집에 오면 아깝다는 생각이 들어 할 수 없이 먹을 수밖에 없는 핑계거리가 된다. 그러므로 식료품은 쇼핑 전에 반드시 필요한 품목과 양을 미리 결정하여 과하게 사지 않도록 한다.

더욱이 허기지면 평소보다 음식이 맛있어 보이기 때문에 시식 코너 등에서 필요 이상의 음식들을 집을 수 있다. 그래서 쇼핑 전에 간단히 허기를 달랠 수 있는 과일이나 샐러드 등을 미리 먹어 두는 것이 좋다. 아니면 아예 처음부터 가족 중 다른 사람에게 식료품 쇼핑을 맡기는 것도 한 방법이다. 그러면 애초부터 음식에 대한 노출 자체를 피할 수 있다.

이는 배가 고플 때뿐만이 아니라, 배가 고프지 않을 경우에도 똑같이 적용된다. 쇼핑 매장에서의 문구에 관한 소비자 행동심리학적 연구에 의하면, "1개에 1000원"이라는 표현보다 "3개에 3000원"이라고 표시한 쪽이 더 잘 팔리고 소비를 조장한다고 한다. 대형 마트나 광고주들이 소비자

에게 호소하는 전략이다. 쇼핑 전 품목은 미리 정해 놓지만, 얼마나 사야할지에 대해서는 정해 놓지 않는 경우가 많다. 심지어 필요한 양보다 2배가 넘는 양을 사는 경우도 있을 것이다. 그러므로 쇼핑 전에는 배가 고픈것과 상관없이 품목뿐만 아니라 양도 정해 놓고 쇼핑을 하는 것이 바람직하다. 이렇게 하면 계획한 양을 먹는 데도 도움이 되고 남은 음식으로 인한 음식 쓰레기도 줄일 수 있을 것이다.

다섯째, 출퇴근 동선을 음식의 유혹으로부터 자유로운 루트로 정한다.

견물생심이라고 우리는 보면 마음이 동한다. 그러므로 출·퇴근할 때 처음부터 음식과는 상관없는 곳으로 다니도록 길을 정하자. 낮에 외근을 하게 되는 경우라도 마찬가지다. 자동차를 타고 가든 걸어서 가든 음식의 유혹으로부터 자유롭지 못한 것은 다를 바가 없다. 자동차를 타고 가다가도 먹자골목 같은 곳을 지나치다 보면 음식이 당기기 마련이고 내려서 허겁지겁 먹게 된다. 물론 걸어서 가는 경우는 두말할 필요가 없을 것이다.

아침에 출근하고 퇴근할 때까지 가능한 음식의 유혹으로부터 자유로운 곳으로 다니자. 적어도 먹자골목 같은 곳은 피하고, 현금을 찾을 일이 있을 때는 각종 음식 거리들이 즐비한 편의점의 현금 지급기는 피하도록 하자. 대개 다이어트 중이라면 좋아하는 음식이라도 자제하게 되는 경우가 많은데 이런 상태에서 편의점에 들르게 되면 자신도 모르게 스낵 코너로 발걸음이 향할 수 있다. 마치 무엇에 홀린 듯 정신을 차려보면 좋아하는 푸딩과 카페오레를 집어 들고 편의점을 나온 자신을 발견할 수도 있는 것이다. 따라서 설사 조금 더 걷더라도 은행에 설치된 현금 지급기를 이용하도록 하라. 이럴 경우 시간이 지체되고 걷는 양이 늘어날 수도 있는데, 이는 오히려 다이어트에 도움이 될 수 있다.

증가 — 바람직한 습관을 들이자

일상을 바람직한 방향으로 새롭게 프로그래밍 한다는 것은 일상에 큰 변화나 혼란을 일으키지 않는 수준에서 진행되어야 한다. 하루하루의 생활에 운동이나 올바른 식습관을 버무려 넣어 다이어트에 도움이 되도록 하자.

첫째, 일상생활을 운동할 수밖에 없는 환경으로 만드는 것이 중요하다.

운동을 식사 후 이를 닦는 것처럼 일상적인 일로 만드는 것이다. 운동은 습관화 시키는 것이 중요하다. 따로 시간을 내기가 어려울 경우, 출·퇴근 시 원래 내리는 지하철역 한 정거장 전에 미리 내려서 회사나 집까지 걸어가는 것도 좋은 방법이다. 고층 건물을 이용할 경우에도 엘리베이터보다 계단을 이용하기로 하자. 이 부분은 앞서 언급한 NLP의 '동기강화 전략'을 활용하면 도움이 될 것이다. 그러나 특별한 사람들을 제외하고는 운동을 규칙적으로 하는 것이 쉽지 않기 때문에, 운동을 습관으로 만드는데 참조가 될 팁 하나를 소개하고자 한다.

이번만은 다이어트에 꼭 성공하리라 굳게 다짐을 한 초기에는 대개 운동도 달성하기 어려울 정도의 목표를 잡는 경우가 많다. "무슨 일이 있어도 매일 아침 6시에 일어나 1시간씩 조깅을 한다." 이런 식으로 말이다. 그러나 처음부터 목표를 너무 높게 잡을 경우, 십중팔구는 중간에 포기하게 마련이다. 이렇게 되는 이유는 몸에 습관으로 배기도 전에 중도에 포기해버리기 때문이다. 결국 목표로 하는 행동을 어떻게 습관화할 것인가가 관건이 된다.

대개 습관이 만들어지는 데는 보통 최소 21일 이상의 기간이 필요하다고 한다. 이 기간 동안 동일한 행동을 반복해서 몸이 습득을 하면, 일정한 행동 패턴이 만들어진다. 이 패턴은 머리로만 기억하는 게 아니라 몸이 기억하도록 해야 습관으로 정착이 된다. 여기서 '패턴'이라는 말이 중요하다. '무엇을' 습관으로 만드는 가보다 '어떻게' 습관을 만드는가가 중요한데, 바로 '어떻게'에 해당되는 것이 패턴이다. 습관을 보다 쉽게 만들려면 먼저 두 단계로 나눠서 생각해야 한다.

먼저 패턴을 만든 후, 그 다음에 그 패턴에 들어갈 내용을 넣는 것이다. 아직 패턴이 제대로 정착되지 않은 상태에서 무리하게 내용을 넣으려고 하면, 실패하기 쉬울 뿐 아니라 무엇 때문에 실패했는지도 모르게 된다.

'매일 아침 6시에 1시간씩 조깅하기'가 목표인 경우를 생각해 보자. 1단계로 습관의 패턴을 만든다. 이를 위해 위의 목표를 여러 개의 행동으로 나눈다. '매일 아침 6시에 1시간씩 조깅하기'를 나눠 본다면, 먼저 '매일 아침 6시에 일어나기'와 '양치질하기', '운동복으로 갈아입기', '본격적으로 조깅하기' 등으로 나눌 수 있다. 여기서 첫 번째 행동을 뽑아서 패턴 만들기에 사용하면 된다. 패턴을 만드는 방법은 간단하다.

위에서 원래의 목표를 여러 개의 행동으로 나눴는데, 우선 첫 번째 행동만 하는 것으로 목표를 바꾸는 것이다. 그러면 이제 목표는 '매일 아침 6시에 1시간씩 조깅하기'에서 '매일 아침 6시에 일어나기'가 된다. 아침 6시에 단지 일어나는 것만 하면 성공인 셈이다. 일어난 다음에 무엇을 하든 그것은 덤으로 이루는 성공이다. 이렇게 3주를 반복하면 '매일 아침 6시에 일어나기'라는 습관의 패턴이 하나 만들어진다. 목표가 아주 단순하기 때문에 성공 확률은 훨씬 높아진다.

이제 2단계로 습관의 내용을 만든다. 만들어진 습관의 패턴에 '매일 아침 6시에 1시간씩 조깅하기'라는 전체 내용을 집어넣으면 된다. 이미 '매일 아침 6시에 일어나기'가 습관의 패턴으로 만들어져 있기 때문에, 그 패턴 안에서 분량을 조절하는 것은 그리 어렵지 않다.

스테이크 덩어리를 왜 한꺼번에 먹으려고 하는가? 먼저 포크와 나이프를 준비하고 한입에 들어갈 만큼 작게 나눈 다음(습관의 패턴 만들기), 한 번에 한 입씩 먹으면 된다.(습관의 내용 만들기) 한 번에 하나씩 도전해보자.

둘째, 식사시간을 이전보다 늘린다.

다이어트의 중요한 요소인 '식이요법'에서 식사 속도는 매우 중요하다. 우리의 뇌는 충분히 음식을 섭취했다는 신호를 받는데 최대 20분 정도 소요된다. 따라서 급하게 먹으면 뇌에 포만감 신호가 전달되기도 전에 필요 이상을 섭취할 수도 있다.

"식사 속도 빠르면 비만 위험 매우 높아 "
식사 속도가 빠르면 비만해질 가능성이 매우 높다는 조사결과가 나왔다고 산케이신문이 24일 보도했다. 일본 도라노몬 병원 건강관리

센터 연구진은 지난 2003년 종합진단을 받은 성인 1만 1195명을 상대로 식습관과 비만의 상관관계를 조사했다. 조사는 "다른 사람보다 식사 속도가 빠른가?", "배가 부를 때까지 먹는가?" 등 6개 질문과 콜레스테롤, 혈압, 중성지방 등의 검사 수치를 종합하는 방식으로 진행됐다.

그 결과 "빨리 먹지도 배가 부를 때까지 먹지도 않는다"고 답한 집단의 비만위험을 1로 기준했을 때 "배가 부를 때까지 먹는다"는 사람들은 1.85, "식사 속도가 빠르다"는 측은 1.98로 각각 나타났다. 특히, "식사 속도가 빠르고 배가 부를 때까지 먹는다"고 답한 사람들의 위험도는 3.46에 달했다. 연구진은 "식사 속도가 빠르면 이미 과식한 뒤 포만감을 느끼기 때문에 비만이 될 위험이 크다"라고 설명했다.

헤럴드 생생뉴스 (2005. 10. 24)

음식을 한 입 먹은 다음 수저를 내려놓는 것도 도움이 되며, 음식을 몇 번 먹은 후 물을 한 모금씩 마시는 것도 도움이 되고, 뜨거운 국이나 찌개를 먹는 것도 먹는 속도를 늦추는데 도움이 된다.

이처럼 다이어트에 있어 식사속도는 중요한 변수임에 틀림없다. 하지만 이것만으로는 2% 부족하다. 그래서 필자는 이점을 보안하여 '오감식사법'을 고안했다. 식사를 단지 천천히 하는 것보다 과식을 방지하는데 도움이 될 것이다.

식탐을 유발하는 근원적인 원인을 제거하는 것과 함께 과식을 방지하기 위해서는 식사를 하는 방법 또한 중요하다. 그래서 식사 시 과식을 예방할 수 있는 한 가지 방법으로 '오감식사법'을 소개한다. '오감식사법'은 식사를 하는 동안 시각, 청각, 후각, 미각, 촉각 즉 오감을 충분히 활용하여, 천천히 음미하듯이 식사를 하는 방법이다. 몰입하는 명상과 심상화 기법을 활용한 식사법일 수도 있겠다. 이 오감식사법은 여러 사람이 함께 식사를 하는 상황에서는 적용하기가 곤란하다. 하지만 평소 혼자서 이 방법을 꾸준히 연습하다 보면, 다른 사람과 함께 식사를 하게 되더라도 예전과는 달리 식사를 하게 될 것이다.

방법은 다음과 같다.

- 한두 번 심호흡을 하고 편안히 앉는다.
- 그 다음 행동을 위해 마음의 준비를 한다.
- 의식적으로 손을 뻗는다.
- 숟가락(젓가락)을 들어 밥이나 반찬을 집고 입으로 가져간다.
- 잠시 멈추고 바라보면서 음식의 향을 맡는다.
- 음식이 입에 들어오면 음식이 혀와 입 내부에 닿음을 느낀다.
  (음식을 입에 넣은 다음은 숟가락과 젓가락을 식탁에 내려놓음)
- 그것이 주는 만족감을 있는 그대로 천천히 느끼면서 최소 50회 정도 씹는다.
- 씹으면서 음식과 침이 뒤섞이고 잘게 부서짐을 느낀다.(소리로도 느낌)
- 이제 입 안의 음식을 삼킨다.
- 음식을 다 삼켰으면, 이 순간을 바로 느낀다.

- 이 음식에 들어있는 온갖 영양소가 세포 구석구석에 스며드는 모습을 상상한다.
- 이 영양소를 받아들인 세포들이 활기차고 생동감 있게 움직이는 모습을 상상한다.
- 서서히 날씬해져 가는 나의 모습을 행복하고 감사한 느낌으로 상상한다.
- 다시 숟가락(젓가락)을 들어 위와 같이 반복한다.

위의 각 단계에 있어서의 핵심은 매 순간의 '느낌'과 '행동'을 알아차리고, 마음을 온전히 '내맡김'에 있다. 식탁에 차려진 음식들을 보고 맛을 음미하는 동안은 비와 햇살, 대지, 공기 등이 어울려 이런 멋진 식사를 만들어 냈다는 것을 인지하자. 내게 이 음식을 제공해 준 대자연에 감사하고, 자신의 생명을 바쳐서 나에게 영양분을 공급해 주는 음식에게도 감사하라. 이 음식들이 식탁에 오르기까지 땀 흘린 수많은 손길들에게도 감사하라. 그리고 이를 통해 나의 존재가 세상 만물과 전 우주에 연결되어 있음을 느껴보라.

이렇게 음식이 내게 오는 동안의 과정에 감사함을 느끼고, 식사 시간을 감사하는 마음으로 채우자. 평소에 가졌던 부정적인 에너지가 중화되고 있음을 느낄 수 있을 것이다. 또한 세상 만물과 일체감을 느낌으로써, 나 자신이 근원으로부터 떨어져 있다는 원초적인 분리 불안에서 잠시나마 자유로움을 얻을 수 있게 해준다.

셋째, 물을 자주 마신다.

몸에서 물이 차지하는 비율은 사람에 따라 다르지만 60~85% 정도다. 통상 70%라고 알려져 있다. 갈증을 느낀 뒤에 물을 마시기보다는 느끼기 전에 미리 섭취하는 것이 피부 노화와 변비, 피로, 비만 등을 예방하는 데 효과적이다. 갈증을 느끼면 이미 신체 수분이 모자라 이상이 생기기 시작했다는 '경고 신호'인 셈이다. 성인은 하루 평균 최소한 1.6리터(200㎖ 컵으로 8잔)의 물을 마셔야 한다. 하지만 국민건강 영양조사(2005년) 결과, 남성은 하루 평균 1,061㎖, 여성은 하루 평균 868.5㎖의 물을 마시고 있다고 한다. 실제 필요한 양보다 턱없이 모자라다. 특히 여성들의 경우가 심각하다.

수분을 많이 섭취하겠다고 음료수를 벌컥벌컥 마시는 사람이 있다. 그러나 음료수는 수분 섭취에 물만큼 도움이 되지는 않는다. 커피와 녹차, 우유, 요구르트, 탄산음료, 기능성 음료 등은 물과 다르다. 커피나 녹차는 이뇨 작용이 강해 상당량의 수분을 배출한다. 음료수에 첨가되는 설탕과 카페인, 나트륨, 산성 성분 등 많은 첨가물은 칼로리가 높아 비만을 일으킬 수 있으므로 많이 마시지 말아야 한다.

전문의들은 "과식을 막으려면 '식사 전 물 한 잔'의 공식을 지키라"고 말한다. 과식을 피하는 데 도움이 되기 때문이다. 물만 마셔도 살찐다고 푸념하는 사람도 있지만, 실제로 물 때문에 체중이 늘지는 않는다. 식사 전 한두 컵의 물은 식사량을 줄일 수 있을 뿐만 아니라 체내 지방을 분해시키는 과정에서 없어서는 안 될 결정적인 역할을 한다.

반대로 수분 섭취를 줄이면 대사활동이 더뎌 체내 지방은 계속 쌓이게 된다. 단 심장과 신장에 부담을 주지 않기 위해 물을 천천히 조금씩 마시라는 게 전문가들의 조언이다. 그리고 물을 마시는데도 방법이 있다. 다이어트에는 물론 건강에도 좋은 물 마시기 방법을 소개한다.

- 물은 생수가 가장 좋다.(어떤 다른 성분도 들어있지 않은 맹물을 말함)
- 물은 4도 정도에 보관하고 11~15도일 때 마셔라.
- 하루에 2리터 이상의 물을 마셔라.
- 조금씩 홀짝홀짝 마셔라.(아침에 두 컵, 식사 30분전 한 컵, 밤에 한 컵, 그 밖의 시간은 30분마다 조금씩 한 컵을 기준으로 했을 때, 3분

동안 천천히 나눠 마시는 게 좋다)

• 운동을 하는 경우에는, 운동 후보다는 운동 전에 2잔 이상을 마신다.

넷째, 기초 대사량을 높이자.

늦은 저녁 시간에 빵이나 아이스크림을 먹고 바로 잠들어도 전혀 살이 찌지 않는다는 사람이 있다. 반면에 아주 가끔 저녁에 무설탕 크래커 한 조각만 먹어도 체중계의 눈금이 달라진다는 사람도 있다. 이런 차이는 그 사람 신체의 소화 흡수 능력 혹은 신진 대사 작용이 다르기 때문에 나타나는 현상이다. 유전이나 체질도 영향을 미친다. 그런데 이런 유전적·체질적 차이가 없는 경우에도 살이 찌는 정도가 다른 이유는 뭘까? 그것은 사람마다 기초 대사량이 다르다는 데 있다.

기초 대사량이 낮은 사람은 식사량을 줄이거나 열심히 운동을 해도 살이 쉽게 빠지지 않지만, 기초 대사량이 높은 사람은 별다른 운동이나 다이어트를 하지 않아도 살이 쉽게 찌지 않는다. 다이어트로 체중을 줄였다 치더라도 금세 다시 찌는 요요현상이 생기는 것도 기초 대사량의 영향 때문이다. 식사량이나 칼로리를 줄여 몇 킬로그램을 뺐어도 기초 대사량이 함께 감소했기 때문에, 다시 정상적인 식사를 할 경우에는 원래의 체중으로 쉽게 돌아가는 것이다. 따라서 기초 대사량이 높아지면 그만큼 에너지가 빠져나간다는 의미가 되므로, 상대적으로 살이 잘 안 찌게 되는 것이다. 그럼 기초 대사량을 어떻게 하면 높일 수 있을까?

: : 기초 대사량을 높이는 식이요법 : :

비타민, 미네랄, 질 좋은 단백질 식품을 충분히 섭취하고, 설탕 등의 당분과 백미, 식빵 등 정제된 탄수화물은 피하는 것이 좋다. 에너지를 많이 방출시키는 적당히 매운 음식을 먹는 것도 도움이 된다. 식사를 거르거나 지나치게 적게 먹지 않아야 하며, 과식이나 폭식도 물론 피해야 한다. 아침을 먹지 않고 점심과 저녁을 과식하는 습관도 오랫동안 지속할 경우, 신체가 열량 소모를 최대한 억제하고 지방을 체내에 저장하게 되므로, 체내 저장 지방이 늘고 기초 대사량이 떨어져 비만 체질로 변할 수 있다. 무엇보다 영양학적으로 균형 잡힌 식사를 하는 것이 가장 중요하다. 기초 대사량을 늘려 주는 식품으로는 미역, 마늘, 매실, 콩, 잣, 호두 등이 있다.

: : 기초 대사량을 높이는 운동요법 : :

기초 대사량을 높이기 위해 가장 필요한 것이 운동인데, 운동할 때에는 유산소 운동과 무산소(근력) 운동을 병행해야 효과가 있다. 조깅이나 워킹, 테니스 등 유산소 운동으로 체력을 다진 후, 덤벨이나 바벨을 이용하거나 윗몸 일으키기 등의 근력 운동을 한다. 운동 전후에는 스트레칭을 해주는 것이 좋은데, 기초 대사량을 높이는 동시에 군살을 빼는 데도 도움이 되기 때문이다. 운동은 땀이 나고 몸이 어느 정도 힘들다고 생각될 때까지 해야 효과가 있으며, 평상시에도 층계 이용하기, 걷기 등으로 활동량을 늘리도록 한다.

다섯째, 식후에 바로 양치질을 한다.

많이들 알고 있는 얘기지만, 음식이 당길 때마다 양치질을 하면 입 안이 상쾌해지면서 식욕을 잊는데 도움이 된다. 입 안이 청결하지 않고 텁텁하면 자꾸 간식거리를 찾게 될 소지가 있다. 혹 먹고 싶다 하더라도 양치질을 했기 때문에 잠재적으로 먹고자 하는 마음이 수그러지는 효과도 있는 것이다. 물론 식후에 바로 양치질을 하는 것은 기본이다. 식후 3분내 양치질을 하는 것이 치아 건강에도 유익함은 그야말로 두말하면 잔소리다. 다이어트와 양치질과의 관계에 대한 다음의 기사도 이를 입증한다.

일본의 한 과학자가 비만 환자에 대한 연구를 한 결과, 매일 양치질을 하면 날씬한 몸매를 유지하는데 도움이 된다고 발표했다. 연구팀은 평균 연령 45세인 약 1만 4000명을 대상으로 비만증 환자와 날씬한 사람을 구분해 음식 습관과 수면 업무 그리고 운동 시간을 비교했다. 조사팀은 몸매가 날씬한 사람은 음식 섭취 후 양치질하는 습관이 있으나 비만증인 사람은 하루 동안 양치질을 한 번도 하지 않는 경우도 있다는 사실을 발견했다. 하지만 연구팀은 이 조사 결과가 양치질 자체가 지방연소운동을 의미하는 것은 아니라고 밝혔다.

또 양치질을 하면서 무릎을 가볍게 굽혔다 펴는 운동을 하면 허벅지의 제일 큰 근육인 대퇴근을 자극하게 되어 대사량이 커지니 일석이조다!

감소 – 문제성 행동을 줄여라

문제성 행동을 줄이는 첫 번째 방법은 음식을 먹고 싶은 양보다 20% 적게 그릇에 담는 것이다. 20% 정도의 양은 덜 먹어도 부족하다고 생각되지 않는다. 연구에 의하면 사람은 식사량이 20% 정도 줄어도 알아차리지 못한다고 한다. 30% 정도면 알아차리겠지만, 20%는 우리의 레이더에 감지되지 않는다.

세계 4대 장수 마을로 알려진 오키나와에는 식사를 멈출 시점을 나타내는 '복팔분腹八分'이라는 표현이 있다고 한다. 80%까지 배가 찼을 때 먹는 것을 멈춘다는 뜻이다. 80%를 먹었는데도 정 배가 차지 않으면, 나머지 20%는 오이나 당근 같은 야채로 대신한다.

첫째, 음식은 반드시 식탁에서만 먹는다.

이 방법도 효과적이다. 이후 '창조' 부분에서 자세히 언급되겠지만 음식이든 술이든 다른 무엇이든 그 대상에 얼마나 쉽게 접근할 수 있느냐가 문제다. 손에 넣기 힘들면 끊을 가능성이 커진다. 음식에 대한 접근성과 노출을 최대한 줄이는 것이 중요하다. 우리는 종종 TV를 보며 무의식적으로 음식을 먹고 있는 자신을 발견한다. 이렇게 아무 데서나 음식을 먹는 습관을 지양하고 식탁이나 부엌에서만 음식을 먹겠다고 결정함으로써, 불필요하게 음식을 섭취하는 횟수를 줄일 수 있다. 그리고 어쩔 수 없이 뷔페 같은 곳에 가더라도 가능한 음식에서 먼 자리에 앉도록 한다. 여러 번 가는 게 귀찮아서라도 덜 먹게 될 것이다.

둘째, 텔레비전 시청 시간을 줄인다.

텔레비전 시청 시간이 길어지면 활동량이 줄어드는 것도 문제지만, 각종 식품 광고 등의 시각적 유혹 때문에 충동적으로 음식을 먹을 가능성도 높아진다. 텔레비전뿐 아니라, 책이나 잡지 등을 보면서 음식을 먹는 경우에도 무의식중에 많이 먹게 되기 쉬우므로 텔레비전이나 책을 볼 때는 음식을 먹지 않는 것이 좋다. 텔레비전 시청 시간 자체를 줄이는 것이 가장 바람직하다. 텔레비전을 시청하면서 음식을 먹는 것에 대한 위험성은 『나는 왜 과식하는가』의 저자인 브라이언 완싱크가 잘 일깨워 주고 있다.

텔레비전은 먹는 행동에 있어 '3중의 위협'이다. 텔레비전을 시청하는 탓에 음식에 손을 뻗을 뿐 아니라, 먹는 양에도 주의를 기울이지 못하며, 또 오랫동안 먹게 된다. 이것은 마치 잘 짜인 시나리오대로 움직이는 조건 반사적 행동과도 같다. 텔레비전을 켜고 좋아하는 장소에 자리를 잡은 뒤 침을 흘리며 간식을 가지러 간다. 손 쉴 틈 없이 먹고 마시며 텔레비전 프로그램의 플롯과 그것이 제기하는 의문에만 집중한다. "달리 어떻게 할까?", "이것은 전에도 본 적이 있지?", "고인돌 가족 프린스톤은 정말 있었을까?" 그리고 우리의 위장은 셈을 못하기 때문에 보는 것에 집중하고 있으면 자신이 먹을 양을 잊어버리고 만다.

만약 꼭 봐야 할 프로그램이 있다면 텔레비전을 보면서 운동을 하자. 훌라후프나 스테퍼, 실내 자전거 등의 기구를 이용하면 텔레비전을 보면서도 운동을 할 수 있다. 또는 간단한 스트레칭을 하는 것도 좋다.

셋째, 외식이나 술자리를 최소화한다.

다이어트 시 외식은 가장 큰 장애물이다. 집에서 식사를 할 경우에는 음식의 재료나 조미료 등을 깐깐하게 따져서 직접 조리할 수 있다. 하지만 외식을 할 경우에는 자신이 요리사가 아니기 때문에, 음식에 들어가는 설탕이나 기름의 양을 파악하기 어렵고 염분의 섭취량도 높아지기 쉽다. 따라서 집에서 먹는 것보다 상대적으로 고칼로리의 음식을 먹게 되기 쉽다. 또한 외식을 할 경우 분위기에 이끌려 식욕 조절에 실패할 가능성이 매우 높다. 따라서 꼭 참석해야 하는 자리가 아니라면 약속을 잡지 말자.

만약 외식을 피할 수 없다면 양식이나 중식보다는 한식으로 하자. 한식은 다른 것에 비해 저칼로리의 음식들이 많다.

그리고 사회생활에 빠지지 않는 술자리! 알코올 자체가 열량이 많고 함께 먹는 안주도 고기가 대부분이기 때문에 술자리는 비만으로 직접 연결된다. 특히 술과 함께 먹는 고열량의 안주는 체중 증가의 직접적인 원인이 된다. 저녁 늦게 이루어지는 게 대부분인 술자리는 다른 신체활동 없이 바로 잠자리로 이어지므로 대부분의 음식물이 체지방으로 연결되기 쉽다. 그러므로 늦은 저녁 술자리는 최대한 자제해야 한다.

식당에서 유념해야 할 세 가지 요령

식사를 하기 전에 포장을 부탁하자

음식이 나오면 먼저 적당한 양을 따져본 뒤 나머지는 포장해 달라고 부탁한다. 그러면 적정량을 초과해서 먹는 일이 없을 것이다. 요즘 식당에서 내놓는 음식은 딱 절반만 먹어도 20년 전에 식당에서 먹던 양과 같다고 하니, 놀랍지 않을 수 없다.

음료수 칼로리에 신경을 써라

무심코 마시는 음료수의 칼로리도 무시할 수 없다. 외식을 할 때는 탄산음료나 과일주스, 과실주, 스무디, 칵테일, 우유와 설탕을 포함한 커피 등을 피하라. 음료수 대신 물을 마시고 굳이 음료수가 마시고 싶으면 설탕을 뺀 아이스티를 마셔라. 커피나 차를 마시게 될 경우에는 바리스타에게 저지방 우유를 첨가해 달라고 부탁해 보자.

음식의 양으로 외식의 효용을 따지지 말자

외식을 한다는 사실 자체와 맛, 어울린 사람들과의 분위기를 즐긴다. 그리고 음식은 그냥 삼키지 말고, 꼭꼭 씹어 먹도록 한다.(증가 부분의 오감식사법 참조)

술자리 참석 전후의 대처법

배고픈 상태로 가지 마라

배가 고플 때 술자리에 가면 술도 '술술' 넘어갈 뿐 아니라 고칼로리의 안주에도 손이 더 많이 간다. 모임에 가기 전에 우유나 요구르트 등의 가벼운 먹을거리라도 먹고 가는 것이 좋다.

물과 야채를 가까이 하라

잔에 물을 채워 놓고 틈나는 대로 마시면 체내의 알코올을 희석시킬 수 있고, 배뇨도 촉진되어 술을 깨는 데 도움이 된다.

술자리는 짧게, 대화는 길게

천천히 먹으면서 가능한 한 대화를 많이 하자. 대화에 적극적으로 참여하면 그만큼 먹는 시간을 줄일 수 있고 모임도 즐길 수 있다.

창조 — 새로운 환경을 디자인하라

다이어트는 일시적·계절적 이벤트가 아니라 건강한 라이프스타일이어야 한다. 그러기 위해서는 다이어트에 도움이 되는 방향으로 생활환경을 디자인함과 동시에 좋은 생활 습관을 몸에 익혀야 한다. 식사 후 출출할 때를 대비해 미리 저지방 우유나 방울토마토, 오이, 당근 등의 야채를 마련해 놓거나, 간단한 운동을 규칙적으로 해보자. 식사 일기를 쓰는 것 역시 두말할 필요 없이 좋은 습관이다. 실천해 볼 만한 좋을 습관들을 살펴보자.

첫째, 음식을 눈으로 확인하면서 먹는다.

우리의 위장은 셈을 할 줄 모른다. 뇌도 마찬가지다. 방금 무엇을 먹었는지 정확히 기억하지 못한다. 점심 때 패스트푸드점에서 먹은 감자튀김이 20개였는지 30개였는지, 간식으로 먹은 사탕이 몇 개였는지 기억하지 못한다. 가족이나 친구들과 함께 외식을 할 때는 더욱 심하다. 식사를 마치고 밖으로 나올 때쯤이면 자신이 고기를 몇 점이나 먹었는지, 만두는 몇 개나 먹었는지, 후식으로 나온 사과는 몇 조각을 먹었는지 기억하지 못한다.

즉 우리는 음식을 실제로 보지 않으면 과식을 하게 된다. 다시 말해 음식을 자신의 눈으로 확인할 수 있다면, 덜 먹게 된다는 얘기다. 예를 들어 뷔페에서 다 먹은 접시가 종업원에 의해 치워지지 않고 식탁 위에 고스란히 놓여 있다면, 적어도 평소보다 한 접시는 덜 먹을 것이다. 많이 먹은 게 티가 나서 그런 것만은 아니다. 자신이 먹은 양을 눈으로 계속 확인하면 그렇지 않은 경우보다 실제로 배가 더 부르다.

　이것은 통계적으로도 증명된 사실이다. 먹은 것을 눈으로 확인하면 그렇지 않는 경우보다 20~30%는 덜 먹게 된다. 또한 자신이 먹을 음식을 미리 그릇에 담아 놓으면 똑같은 양을 두 번에 걸쳐 먹을 때보다 10% 정도는 덜 먹는다고 한다. 그러니 식사를 할 때 먹을 음식을 모두 그릇에 담아 식탁 위에 펼치고 눈으로 지켜보면서 먹도록 하자.

　둘째, 먹는 상황을 귀찮게 만든다.

　우리는 음식을 먹는 데 수고를 적게 할수록 많이 먹는다. 예를 들어 수프와 냉동 핫도그를 비교해 보자. 수프는 칼로리 섭취를 조절하고 허기를 줄여주는 다이어트에 효과적인 식품이다. 먹는 데도 시간이 걸리고 자주 저어 줘야 되는 등 노력이 수반된다. 먹는 시간도 오래 걸리기 때문에 식사

시간이 자연히 늘어나게 되고 몸에서 자연스럽게 배고프다는 신호가 보내져 적당한 양을 먹게 한다. 게다가 다 먹고 나면 포만감까지 느껴져서 수프를 먹은 후에는 다른 음식을 더 먹고 싶은 의욕이 줄어든다. 반면에 냉동 핫도그는 어떤가? 그냥 포장지에서 꺼내 전자레인지에 넣고 1분 30초 정도 기다리기만 하면 된다. 먹는 시간도 1분 남짓이면 된다. 1개가 양에 차지 않을 경우, 더 먹게 될 확률이 상당히 높다. 더욱이 핫도그 1개의 칼로리가 240kcal 정도이고 야채수프 1인분의 칼로리가 75kcal 정도인 걸 감안하면 핫도그는 다이어트에 치명적이다. 따라서 간식을 하더라도, 조리를 하거나 먹는데 시간과 수고가 많이 필요한 음식을 선택하는 것이 다이어트에 도움이 된다.

이와 마찬가지로 동일한 음식이라도 어떤 위치에 놓여 있고 얼마나 손쉽게 먹을 수 있느냐에 따라 섭취량이 달라진다. 한마디로 먹기 불편하면 덜 먹게 되는 것이다.

『나는 왜 과식하는가』의 저자인 브라이언 완싱크의 말을 다시 들어보자.

초콜릿 박스를 책상에서 2미터 떨어진 곳으로 옮겨 놓자 비서들의 행동이 어떻게 변했는지 상기해 보자. 먹는 양이 절반으로 줄었다. 초콜릿을 먹으러 가는 게 귀찮게 여겨지고 게다가 2미터라는 거리 덕분에 정말로 초콜릿이 먹고 싶은지 다시 생각해 볼 기회가 생긴 것이다. 그 결과 먹는 것을 멈출 수 있었다. 이처럼 일시 정지하는 기회를 주는 방법 몇 가지를 살펴보자.

- 그릇은 부엌이나 찬장에 둔다.

  무의식중에 초콜릿을 집어먹은 비서들처럼 우리도 눈앞에 그릇이 있
  으면 똑같은 행동을 한다. 적어도 2미터 정도 음식이 떨어져 있으면
  정말로 배가 고픈지 자문할 기회가 생긴다. 그리고 샐러드와 야채로
  눈을 돌리자. 샐러드와 야채를 식탁 한가운데 손 가기 쉬운 곳에 항
  상 준비해 두자.

- 식욕을 돋우는 음식은 먹기 '불편하게' 만든다.

  식욕을 돋우며 우리를 유혹하는 음식은 지하실 깊숙한 구석이나 쉽
  게 손이 미치지 않는 찬장에 보관한다. 포장을 다시 잘 봉하고, 남은
  음식은 알루미늄 호일로 싸서 냉장실이나 냉동실의 안쪽에 보관한다.

- 간식은 식탁에서 새로운 접시에 담는다.

  간식은 그 자리에서 먹지 말고 식탁으로 가져가 접시에 담아 다시 가
  져오자. 그러면 앉은 자리에서 충동적으로 먹을 때는 몰랐던 섭취량
  을 알 수 있고, 먹은 후에 설거지를 하는 수고가 늘어난다.

셋째, 많이 먹지 않을 시나리오를 마련한다.

우리는 음식을 먹을 때 흔히 먹기 시나리오를 따른다. 아침에는 아침 식
사 시나리오가 있고 점심에는 점심 식사 시나리오, 저녁에는 저녁 식사 시
나리오가 있다. 간식 시나리오도 있다. 레스토랑에서 식사를 할 때는 레

스토랑 시나리오도 있다. 실제로 식사를 끝내는 이유를 살펴보면, 배가 부르기 때문이라기보다 옆 사람의 식사가 끝났기 때문 혹은 텔레비전 프로그램이 끝났기 때문이라는 사람이 많다. 따라서 식사 전에 미리 어떻게 식사를 할 것인지에 대한 전략 내지는 일련의 원칙을 세워두는 게 좋다.

- 여러 사람이 함께 식사를 할 때는 가장 마지막에 먹도록 한다. 특히 남성의 경우는 여성에 비해 많이 먹는 경우가 많은데, 식사를 가장 늦게 시작하고 가장 천천히 먹는 사람의 페이스에 맞춘다.

- 아직 식사 중인 것처럼 그릇이나 접시에 늘 음식의 일부를 남겨 '한 그릇 더'라는 희망이나 유혹을 피하라. 이렇게 음식을 조금 남겨 두는 대신 야채나 과일 등을 먹는다.

• 식사 전에 미리 어느 정도를 먹을 것인지 정한다. 이는 쇼핑을 할 때 미리 구입할 목록을 작성해 불필요한 충동구매를 방지하는 것과 같다.

• 식사 전에 항상 채소나 수프를 먼저 먹자. 미국 펜스테이트대학에서 성인 남녀 100명을 대상으로 식사 전에 수프를 먹는 사람과 그렇지 않은 사람을 나눠 한 달간 분석한 결과, 수프를 먹는 쪽이 그렇지 않은 쪽보다 평균 20% 가량 섭취열량이 적은 것으로 나타났다. 가벼운 전채요리를 먹고 나서 열량이 높은 주식을 먹으면 상대적으로 주식의 양을 줄일 수 있다는 것을 보여주는 실험이다. 그러나 수프 자체가 칼로리가 높은 경우는 예외다. 얼큰한 찌개와 기름진 탕은 염분 함량이 높아 오히려 부분비만의 원인이 될 수 있으니 주의하자.

넷째, 다이어트 일기를 쓴다.

다이어트 일기 쓰기는 자신이 섭취하는 음식의 칼로리와 섭취 시간을 일기 형식으로 기록하여 칼로리를 높이는 음식을 찾아내는 방법이다. 체중 감량과 유지에 큰 도움이 된다. 많은 사람들이 '별로 안 먹는데, 이상하게 자꾸 살이 찐다'고 말하는데 실제로 다이어트 일기를 써보면 자기도 모르게 다이어트에 좋지 않은 음식을 먹고 있었다는 사실을 알게 된다.

즉 다이어트 일기는 평소에 알지 못했던 자신의 식사 패턴 및 그에 따른 문제점을 인지하게 해줌으로써 먹는 행동에 통제를 가하고 고쳐야 할 행동을 스스로 찾아낼 수 있게 한다.

다음은 다이어트 일기를 꾸준히 쓰는 사람이 쓰지 않는 사람보다 체중을 2배나 더 줄일 수 있다는 연구 결과에 관한 기사다.

미국 의료기관 카이저 퍼머넌트(Kaiser Permanente) 건강연구센터의 빅터 스티븐스 박사팀은 다이어트를 시도한 비만 남녀의 체중 감량 정도와 다이어트 일기 기록 정도를 분석했다. 스티븐슨 박사는 "다이어트 일기는 먹은 음식을 기록하고 칼로리를 계산함으로써 스스로에게 책임감을 부여하기 때문에 다이어트 일기를 쓰는 것이 쓰지 않는 것보다 체중 감량에 훨씬 도움이 된다"며 "다이어트 일기로 음식을 조절할 수 있다는 것은 널리 알려진 사실이지만 이번 연구에서는 실제로 얼마나 효과가 있는지를 증명했다"고 〈미국예방의학저널〉 8월호에 밝혔다.

미국 일간지 워싱턴포스트, ABC 뉴스 등의 9일 보도에 따르면, 연구팀은 평균 몸무게가 96킬로그램으로 비만 또는 과체중인 25세 이상의 남녀 1685명을 20주 동안 다이어트 모임에 참여시켰다. 참가자들은 음식물 섭취를 하루 500칼로리 정도 줄이고, 30분 이상 운동을 하기로 연구팀과 약속했다. 이들은 고혈압을 예방하기 위해 육류보다 야채와 과일을 주식으로 하는 '대시 다이어트'를 했으며 식단은 저지방, 저염분 음식으로 구성했다. 연구팀은 이들에게 음식 일기를 쓰도록 독려했다. 음식 일기는 섭취한 음식 종류와 칼로리, 운동 시간을 기록하는 것으로 다이어트 일기와 같은 의미다.

20주가 지난 뒤 연구팀이 이들의 체중을 측정해보니 평균 6킬로그램이 감량된 것으로 나타났다. 전체의 69%가 적어도 4킬로그램 이상을 감량했는데 이 정도의 감량만으로도 고혈압, 당뇨 등의 위험을 낮춘다고 연구팀은 설명했다. 특히 똑같이 식사조절과 운동을 했지만 다이어트 일기를 열심히 쓴 사람이 체중을 더 많이 줄였다. 다이어트 일기를 일주일에 6번 이상 쓴 사람은 평균 8킬로그램을 감량한 반면 쓰지 않은 사람은 평균 4킬로그램밖에 감량하지 못했다.

다음은 케이저 퍼머넌트의 체중관리전문가 케이스 바크만 박사가 소개한 다이어트 일기를 쓰는 노하우다.

- 다이어트 일기는 가장 편한 방법으로 써라.

  펜과 종이, 포스트잇, 컴퓨터, PDA, 이메일 등 무엇이어도 상관없다. 자신이 가장 쉽고 편하게 쓸 수 있는 곳에 적어야 기록에 부담을 느끼지 않는다.

- 귀찮더라도 매끼 식사가 끝난 직후에 먹은 음식을 적도록 하자.

  매끼마다 기록을 하는 것이 하루 동안 먹은 음식을 한꺼번에 기록하는 것보다 더 정확한 칼로리 계산을 할 수 있다.

- 다이어트 일기를 쓰는 이유를 기억하라.

  다이어트 일기는 섭취한 음식물의 칼로리를 계산함으로써 그 이상의 음식은 필요하지 않다는 것을 인식하기 위한 수단이다.

다섯째, 목표를 달성했을 때 스스로를 격려하는 보상 시스템을 만든다.

지금까지는 마음이 울적하거나 누군가로부터의 위로가 필요할 때 음식으로 위안을 삼았다면, 이제부터는 그러지 않으리라고 다짐하라. 그래서 자신이 이 규칙을 잘 지켰을 때는 스스로에게 상을 주는 것도 좋은 방법이다.

이를테면 자신이 한 달 동안 쓸 용돈 중에서 꼭 필요한 액수를 제외한 나머지 금액을 자신과의 약속을 잘 지켰을 경우의 상금으로 쓰는 것이다. 평소 보고 싶었던 멋진 뮤지컬을 본다거나 갖고 싶었던 물건을 사는 등 자신을 위한 선물을 하자.

저녁 식사 후 문득 입이 궁금하여 예전처럼 라면을 끓여 먹는 대신 당근이나 오이를 먹었을 때, 아침마다 조깅을 시작한 지 1주일이 되었을 때 우리는 격려를 받아 마땅하다. 변화하고 있는 스스로의 모습을 칭찬하고 격려하는 것이 이런 바람직한 습관을 유지해 나가는 큰 힘이 된다.

여섯째, 꿈이 이루어진 모습을 수시로 심상화한다.

우리의 뇌는 어떤 것을 얼마나 자주 반복적으로 생각하느냐에 따라 그 것을 단기 기억으로 간주하느냐 아니면 장기 기억인 잠재의식 속에 저장하느냐의 여부를 결정한다. 이 때문에 꿈이 이루어진 모습을 반복적으로 상상, 즉 심상화하면 할수록 그 꿈은 잠재의식에 깊이 새겨져 우리 몸은

그것이 실현될 수 있도록 모든 방법을 강구한다. 그러므로 꿈이 이루어진 모습을 수시로 심상화하는 것은 꿈이 실현되는 속도에 박차를 가하는 셈이 된다.

앞서 만든 다이어트 '드림 보드'를 카메라로 촬영한 뒤 출력해 냉장고나 욕실 거울, 화장대, 책상 위 등 눈에 잘 띄는 곳에 붙여 두고 수시로 바라보며 심상화하라. 조금 작게 만들어 수첩이나 지갑 속에 넣어 다니면서 수시로 심상화하는 것도 좋은 방법이다.

일곱째, 과식하려는 순간 EFT를 한다.

비록 지금까지는 당신이 낮은 자존감이나 제한된 신념 등 자신이 가지고 있는 부정적인 감정을 잘 해소하였을지라도, 하루하루 살아가다 보면 의도하지 않게 부정적인 감정에 노출되는 일이 생길 것이다. 혹은 예전에 완전히 해소되지 않은 부정적인 감정의 에너지가 특정한 사건이나 상황에서 고개를 들 수도 있다. 이로 인해 자기도 모르게 특정 음식을 먹고 싶은 충동이 생기기도 한다.

가령 그 음식이 빵이라고 하자. 방금 식사를 마쳐서 배가 부름에도 불구하고 불현듯 빵이 먹고 싶어지는 바로 그 순간 EFT를 하도록 하자. 손날점을 두드리면서 "비록 나는 방금 식사를 마쳐서 배가 부름에도 불구하고 지금 갑자기 빵이 무척 먹고 싶지만, 그런 나 자신을 온전히 받아들이고 깊이 사랑합니다"라고 3회 말한다. 그러면서 지금 빵을 먹지 않으면 기분이 어떨지 생각해 본다. 빵을 먹지 않으면 초초하고 불안하기도 하고 화가 난다면, 다시 이렇게 말해 본다. 역시 손날점을 두드리면서 "비록 나는 방금 식사를 마쳐서 배가 부름에도 불구하고 빵을 먹지 않으면 초조하고 불안하고 화가 나지만, 그런 나 자신을 온전히 받아들이고 깊이 사랑합니다"라고 다시 3회 반복한다. 계속해서 "비록 나는 방금 식사를 마쳐서 배가 부름에도 불구하고 빵을 먹지 않으면 허전한 느낌이 들지만, 그런 나 자신을 온전히 받아들이고 깊이 사랑합니다" 혹은 "비록 나는 방금 식사를 마쳐서 배가 부름에도 불구하고 빵이 무척 당기고 이것 없이 지낼 수 있는지 모르겠지만, 그런 나 자신을 온전히 받아들이고 깊이 사랑합니다"라고 3회 반복한다. 이런 식으로 과식을 하려는 순간 EFT를 하면 과식 충동을 다스릴 수 있을 뿐 아니라, 과식에 숨겨진 동기도 알 수 있다.

"음식을 눈으로 확인하면서 먹는다"부터 "과식하려는 순간 EFT를 한다"까지, 위에서 언급한 모든 습관들이 하나둘 쌓여 다이어트에 성공적인 환경을 만든다. 비단 앞에서 언급한 사례들뿐 아니라, 그 사례들을 참조로 얼마든지 자기만의 ERRC를 만들 수 있다. 자신만의 ERRC를 만드는 팁을 하나 소개하겠다.

스스로에게 다음과 같은 질문을 던져보자.

"많은 노력을 들이지 않고 한 가지 환경만을 변화시킴으로써 다이어트 성공에 획기적인 효과를 가져다 줄 방법은 무엇일까?"

이 질문에 답한 후 또 다시 자신에게 물어보자.

"많은 노력을 들이지 않고 한 가지 환경만을 변화시킴으로써 다이어트 성공에 획기적인 효과를 가져다 줄 또 다른 방법은 무엇일까?"

　이런 식으로 계속해서 질문을 이어가다 보면 자신만의 독특한 방법이 떠오를 것이다. 무엇을 할 때 자신이 가장 행복한지, 무엇을 가장 잘할 수 있는지 생각해 보면 도움이 될 것이다. 예를 들어 물을 자주 마시지 않는 사람이라면, 지금부터 물을 자주 마시기로 결심할 수도 있고 간식으로 과자를 먹던 사람이라면 과자 대신 방울토마토를 먹기로 할 수도 있다. 걷는 것을 좋아하면, 출·퇴근 시 버스나 지하철에서 한 정거장 미리 내려서 목적지까지 걸어갈 수도 있을 것이다.

　당신만의 독특하고도 효과적인 방법을 찾으라. 뜻이 있는 곳에 길이 있나니!

다이어트가 전부는 아니다

이 책의 궁극적인 목적은 다이어트의 성공이 아니다. 우리는 다이어트를 '살과의 전쟁'이라는 말로 표현하기도 한다. 다이어트 성공을 위해서는 인내와 의지를 최대한 발휘해 고통을 참고 견뎌야 한다고 여겼다. 그런데 인내력이나 의지력이라는 단어를 가만히 살펴보면, 이런 말 자체가 애초에 장애물이 있다는 것을 전제로 한다는 것을 알 수 있다. 그러나 만약 장애물이 처음부터 존재하지 않는다면 어떨까?

이 경우 인내력이나 의지력이란 말 자체가 무의미한 것이 된다. 다이어트의 성공에 걸림돌이 되는 장애물을 처음부터 존재하지 않았던 것처럼 말끔히 제거할 수만 있다면 우리는 명확한 내적 동기만으로도 자연스럽게 다이어트에 성공할 수 있다는 것을 의미한다. 따로 다이어트를 할 필요가 없다.

지금까지 독자 여러분은 이 책을 통해 다이어트에 장애가 되는 요소들을 제거하는 방법을 배웠다. 있는 그대로의 자신을 사랑하며 제한적 신념이나 부정적 감정 없이 매사에 늘 감사하는 삶을 살아가는 법을 익혔을 것이다. 더욱이 자신을 지지해 주는 사람들을 주변에 두는 법과 이 모든 것들이 자연스레 어우러질 수 있는 환경을 디자인하는 법도 알게 되었을 것이다.

당신은 이미 다이어트라는 단어를 입에 올릴 필요조차 없는 사람이 되었을지도 모른다. 아니면 적어도 나 또한 그런 사람이 될 수 있다는 자신감을 얻었거나 그럴 가능성을 발견했을 것이다. 이처럼 당신이 다이어트로부터 자유로운 사람이 된다면, 당신은 음식의 칼로리를 외우거나, 하기 싫은 운동을 억지로 해야 한다는 등의 의식적인 노력 없이 평생 날씬한 몸으로 살 수 있다. 아침 식사를 거르지 않거나 물을 자주 마시는 등의 아주 기본적인 원칙만 지키면 된다.

여기서 한걸음 더 나아가면 삶의 모든 문제나 이슈들도 예전과는 확연히 다른 모습으로 다가옴을 느낄 것이다. 드라마틱한 삶을 만끽하며 자신에게 내재된 잠재력과 탁월성을 매일 발휘하라. 매 순간 가슴 벅차오르는 기쁨과 깊은 충족감으로 하루하루를 맞는 당신의 모습을 상상해 보자. 이는 마치 1억의 빚을 지고 있던 사람이 100억이 들어 있는 통장을 발견한 것과도 같다.

모쪼록 이 책이 다이어트의 성공은 물론 독자 여러분의 삶 자체가 획기적으로 변화될 수 있는 계기가 되길 간절히 소망한다.

* 아울러 필자가 준비하고 있는 오프라인 '시크릿 다이어트' 워크샵 과정에 대한 안내 말씀을 드리고자 합니다. 워크샵에 대한 정보는 www.secretdiet.co.kr로 들어오시면 추후 진행 상황에 대한 내용을 자세히 보실 수 있습니다. 회원으로 가입하시면 오프라인 워크샵 과정 수강료를 10% 할인 받으실 수 있는 특전도 드립니다. 많은 관심과 성원 부탁드립니다. 감사합니다.

이 책이 출간되기까지 도움을 주신 많은 분들께 마음을 담아 감사의 말씀을 전하고자 합니다. 먼저 아이디어 구상 단계에서부터 지금까지 아낌없는 격려와 용기를 준 사업 파트너이자 소울메이트인 여상원 대표에게 진심으로 고마운 마음을 전합니다. 저에게 영감을 주시고 인생의 큰 전환점이 되어 주신 한국경제신문 한경아카데미 권영설 원장님께도 깊은 감사의 말씀을 올립니다. 항상 큰 격려와 용기를 주시는 다음카페 IamCEO 강경태 소장님, CMI연구소 전미옥 대표님 외 한경닷컴 커뮤니티 '직위변' 모든 가족 분들과 책 방향에 대해 전반적인 조언을 해주신 이지원 작가님 그리고 칼럼 등과 관련해 늘 아낌없이 지원해 주시는 한경닷컴 컨텐츠 전략실 윤진식 이사님, 신동휴 과장님, 인터파크 도서마케팅팀 고희정 과장님께도 감사의 말씀을 전합니다.

책의 추천사뿐만 아니라, 사업 전반에 걸쳐 도움을 주시는 JFTA 정다연(몸짱아줌마) 대표님과 윤진욱 이사님께도 감사하다는 말씀을 드립니다. 책의 큰 틀을 세세하게 지적해 주시고 늘 지대한 관심과 함께 큰 깨달음을 주시는 지혜경영연구소 손기원 대표님께도 감사의 말씀을 드리며, 늘 큰 관심으로 성원해 주시는 연합뉴스 김도균 선생님 그리고 모든 지혜인포럼 가족 여러분께도 감사의 말씀을 전합니다. EFT를 통해 큰 깨달음을 주신 EFT Korea 최인원 선생님, 정유진 선생님, 이병우 선생님, 이진희 선생님 외 EFT Korea 모든 가족 여러분 특히 코칭을 통해 큰 깨달음을 주신 한상우 코치님 그리고 WCCF의 대니박 코치님, 강원화 코치님께도 감사의 말씀을 드립니다.

늘 큰 지지와 함께 성원해 주시는 MAP 프로그래밍 채동규 코치님, 백옥생정통한방화장품 김성일 본부장님, 클로버코칭연구소 장은영 소장님 그리고 반디앤루니스 대표이사 김천식 전 회장님, 박종현 회장님, 허걸 총무님 외 서강 MBA 25기 동기 여러분께도 감사의 말씀을 전합니다. 스피치에 관한 깊은 통찰을 주신 라온제나 임유정 원장님과 전 리빙센스 박미진 기자님께도 감사의 말씀을 드립니다.

바쁘신 와중에도 흔쾌히 추천사를 써주신 임정남 광주시 보건소장님, 리빙센스 임상범 수석기자님, LG홈쇼핑 기혜경 쇼핑호스트님께도 깊이 감사드립니다. 홍보와 관련해서 큰 도움을 주신 (주)디인에스 홍승림 대표님, 선윤명 이사님, 정영준 이사님, 이의준 팀장님께도 감사의 말씀을 드립니다. 그리고 졸저임에도 불구하고 그 가치를 알아보시고 출간 기회를 주신 도서출판 들녘 이정원 대표님, 윤재인 주간님, 선우미정 부장님 그리고 마지막까지 매진해 주신 김인혜님과 책 출간에 큰 도움을 주신 마경호 선배님께도 진심으로 감사의 말씀을 전합니다.

마지막으로 이 책이 출간되기까지 각고의 세월을 잘 참고 기다려준 사랑하는 아내와 승후, 승현이에게도 한없이 고마운 마음을 전합니다.